Manual de estrategia de operaciones

Cómo alcanzar la excelencia y crear valor en las operaciones

Ángel Caja Corral

Con la colaboración de:

www.logisnet.com

Colección: GESTIONA
Director: David Soler

MANUAL DE ESTRATEGIA DE OPERACIONES
1.ª edición, 2019

Edita: Marge Books
València, 558 – 08026 Barcelona
Tel. 931 429 486 – marge@margebooks.com
www.margebooks.com

Gestión editorial: Adrià Gibernau
Edición: Natalia Echezuría
Compaginación: Mercedes Lara
Impresión: Prodigitalk, SL (Martorell, Barcelona)

ISBN edición impresa: 978-84-17313-37-1
ISBN edición digital: 978-84-17903-00-8
Depósito Legal: B 16464-2019

El papel empleado en este libro no ha sido blanqueado con cloro elemental (CI_2).

Agradecimientos

A Sonia, Gerard y Ricard por su apoyo incondicional en todo lo que emprendo.

A Teo y Encarna por transmitirme, prácticamente sin darse cuenta y muy a su estilo, los valores que me guían en la vida y en este libro.

A la Escuela de Alta Dirección y Administración (EADA), donde cursé el Master Ejecutivo de Dirección de Operaciones y SCM que me permitió ampliar mi visión de las operaciones y que me ha traído hasta aquí. A los alumnos de la promoción 2013-2014 de dicho máster, mis compañeros, por esos valiosos debates que me permitieron contemplar nuevos puntos de vista y por formar la mejor clase de la que se pueda hacer parte.

Este libro pretende ser una guía práctica, basada en vivencias reales. Por lo tanto, mi agradecimiento a todas las empresas y personas con las que he trabajado y colaborado, quienes me han permitido vivir tantas experiencias valiosas.

Índice

Ángel Caja Corral (Sabadell, 1969).
Técnico electrónico industrial en constante formación, ha cursado el Máster Ejecutivo en Dirección de Operaciones y SCM en la Escuela de Alta Dirección y Administración (EADA) y el Máster en Dirección de Plantas Industriales en ICT (ahora Instituto de Formación Continua IL3), además de diversos programas internacionales en dirección y liderazgo.

Ha desarrollado su carrera profesional en diversas multinacionales de varios sectores, lo que le ha permitido obtener una amplia visión de diferentes modelos de cadenas de suministro en varias industrias y mercados. Actualmente es director de operaciones y cadena de suministro en una multinacional química.

También ha sido ponente en diversos foros europeos en los que ha compartido su idea de que las operaciones y las cadenas de suministro pueden ser un centro de creación de valor y, de esta manera, busca desterrar la creencia tradicional que asegura que representan un centro de costo para las empresas.

Con amplia formación en *lean*, ha participado y liderado diversas transformaciones *lean* en distintas empresas, incluidos los procesos de ventas.

Convencido de que la parte más importante de las operaciones son las personas, cree firmemente en el empoderamiento y el desarrollo para lograr que la mejora continua no se detenga.

Introducción

Tradicionalmente, la cadena de suministro, entendida como el proceso que se genera desde que un cliente realiza un pedido hasta que el producto o servicio ha sido entregado y cobrado, ha tenido más un carácter táctico que estratégico. El principal foco siempre ha sido interno, intentando que los procesos rindan a su máxima capacidad para conseguir la mayor eficiencia posible con un solo objetivo: ser una empresa competitiva a través de la reducción del costo.

Este enfoque ha ocasionado que la complejidad sea vista como una gran enemiga y algo a evitar a toda costa. No en vano, a más complejidad, mayor costo. Por lo tanto, las personas que trabajan en las áreas de operaciones y cadena de suministro han ido desarrollando un perfil eminentemente táctico, implementador y apagafuegos.

Esto presenta algunos riesgos, pues el enfoque interno y hacia el costo hace que la cadena de suministro pierda de vista al cliente y sus necesidades, para ser percibida por la compañía como un centro de costo, con el riesgo de ser la primera área en sufrir recortes. De hecho, en muchas compañías, especialmente en el actividades B2B *(business to business)*, la alta dirección solo mira hacia su cadena de suministro cuando hay una ruptura en el servicio o inconvenientes similares, como roturas de *stock*, faltas de producto que originan entregas con retraso o problemas de calidad.

Otro riesgo a tener muy en cuenta es que, al mirar solo internamente, se pierde de vista tanto el mundo exterior, es decir el mercado, como los movimientos estratégicos de la compañía. La preocupación principal se centra en el costo y esto genera una brecha, una falta de alineamiento entre las operaciones y la cadena de suministro con el conjunto de la compañía y sus clientes.

Hoy en día, solo enfocarse en el costo no es suficiente. En un entorno de alta competitividad el mercado tiende a demandar diferenciación, algo que se traduce en complejidad para las cadenas de suministro y las operaciones. Si la complejidad es un factor que se intenta evitar a toda costa en las cadenas de suministro tradicionales, entonces cada vez se está más lejos de lo que los clientes demandan.

La obsesión por la reducción de costos, como principal objetivo en las cadenas de suministro tradicionales, puede ofrecer un producto o servicio muy competitivo, pero reduce a pasos agigantados la capacidad de respuesta a los frecuentes cambios en la demanda y las necesidades de la clientela.

La brecha que se genera entre estas necesidades y lo que las cadenas de suministro pueden ofrecer, hace que el día a día en ellas sea un caos. Todo es urgente, tanto que incluso existe una autoconvicción de que las operaciones son así o, peor aún, se generan excusas pensando que el mercado es ingobernable y que se hace lo que se puede.

Gran parte de responsabilidad en este caos es de las propias cadenas de suministro. Se puede y se debe desterrar el desorden en los procesos y tratar las urgencias como lo que son: excepciones.

El principal motivo por el que las cadenas de suministro se estresan es la falta de alineación con la estrategia de la compañía y con las expectativas de los clientes.

Las cadenas de suministro han dejado de ser algo inevitable, que genera un coste por entregar el producto o servicio al cliente, para ser una organización estratégica dentro de la compañía. Así, se ha pasado de intentar entregar un producto de forma rápida y al menor coste, a ayudar a las compañías a cubrir las necesidades de los clientes que se están atendiendo de manera deficiente, cubrir necesidades que la compañía no está cubriendo o, incluso, descubrir nuevas necesidades que hasta ese momento se desconocían, lo que puede poner a la compañía en posición preferente.

Este libro pretende apoyar a las operaciones y las cadenas de suministro como áreas creadoras de valor para las compañías y para la clientela. Para ello desarrolla un modelo de cuatro pasos que permite crear una estrategia propia de estas áreas, completamente alineada con la estrategia de la compañía y con las expectativas del cliente. Este es el primer paso para transformar las cadenas de suministro en un centro de creación de valor.

Capítulo 1
Alinear estrategias, el primer paso para la creación de valor

Lo primero es establecer el punto de partida, algo que puede parecer obvio pero que en la práctica no siempre se entiende ni se divulga en todos los niveles de la compañía. Se trata de la estrategia, que se puede definir de esta manera:

- **Estrategia de la compañía**
  Define qué tipo de clientela se quiere satisfacer, es decir, cuál va ser el terreno de juego.
  Define el valor que será ofrecido al mercado, es decir, cómo se van a ganar pedidos a través del precio, o la calidad, o la innovación, o el servicio, etc.

- **Estrategia de la cadena de suministro**
  Define el modo en que la gestión de la cadena de suministro va a cumplir con los compromisos de la compañía; esto es, cómo se va a generar y entregar el valor prometido a la clientela.

En cuanto a este tema, hay una cuestión que es inquietante. Si en cualquier empresa se pregunta a su personal sobre la estrategia de la compañía o si conoce su propuesta de valor, ocurre con frecuencia que en un porcentaje muy elevado no habrá una respuesta clara, es decir que la desconocen o no la entienden.

Cuando eso sucede, ¿cómo se puede, desde la cadena de suministro, entregar el valor prometido por la compañía, si se desconoce dónde se juega y cómo se quiere ganar?

Es importante que quienes ocupan cargos de dirección en una empresa crean firmemente que cada persona empleada, esté en el nivel que esté, es capaz y está orgullosa de contribuir al éxito de la compañía. Sin embargo, para eso, todas deben conocer la estrategia y la propuesta de valor de la compañía. Incluso deben saber interpretarla para aplicarla en situaciones imprevistas.

Es fundamental que la dirección de la empresa dedique el tiempo necesario para compartir la estrategia de la compañía con todos los niveles de la empresa y haga ver al conjunto del personal la manera en que su trabajo diario ayuda a conseguir los objetivos de la compañía, algo que da sentido a las labores que cada persona realiza.

Si esto no sucede, es muy probable que se abra una brecha. La cadena de suministro se enfocará básicamente en el costo y en entregar a tiempo, pero, a no ser que la propuesta de valor de la compañía sea satisfacer a sus clientes con precios bajos, la brecha será cada vez más grande, hasta el punto que la cadena de suministro irá por un camino y el resto de la compañía por otro.

Esta situación genera tensiones, frustraciones y estrés. Así, las personas que participan en la gestión de la cadena de suministro acaban especializándose en apagar fuegos, la estabilidad desaparece y todos los días hay urgencias y situaciones difíciles de gestionar. Lo más grave es que con el tiempo estas situaciones se asimilan como algo natural, inherente al día a día, lo cual tiene repercusiones muy negativas para la organización y su influencia en el mercado.

Estos ejemplos de alineación de estrategias de algunas empresas que se podrían considerar como referentes en su sector de actividad permiten ilustrar las definiciones anteriores de mejor manera.

Propuesta de valor		**Estrategia operaciones**
Marcar tendencia en moda	ZARA	Rapidez al mercado
Innovación del producto	APPLE	Externalización
Cada día precios bajos	WAL-MART	Eficiencia en costos
Amplia selección disponible de productos	AMAZON	Eficiente y fiable cumplimiento

Fuente: David Simchi-Levi, investigador del Instituto Tecnológico de Massachusetts (MIT).

Figura 1. **Propuesta de valor frente a las estrategias de operaciones.**

En la figura 1 se observa cómo diferentes compañías tienen distintas propuestas de valor y, por lo tanto, diferentes estrategias para su cadena de suministro.

Por ejemplo, Zara, el símbolo principal del grupo Inditex, una multinacional textil española y una de las compañías mejor valoradas mundialmente, marca tendencia en un segmento concreto de la moda. Prácticamente le dice a su clientela qué ropa vestir, cambia colecciones a menudo y no repite prendas. Así, cuando una persona ve un artículo que le gusta, o lo compra o lo pierde. De este modo, su cadena de suministro está enfocada y diseñada para distribuir sus productos en un espacio muy corto de tiempo.

La cadena de suministro de Zara se ha tenido que adaptar al rápido crecimiento de la compañía y a su exitosa propuesta de valor, que se ha convertido en una de las claves de su éxito. Incluso se puede decir que la empresa crea su propia demanda, enviando dos veces por semana una nueva colección a sus tiendas, distribuidas en los cinco continentes, en un plazo de entrega de 48 horas.

Zara consigue este excepcional nivel de respuesta desde sus diez centros logísticos ubicados en España. Los talleres y las empresas proveedoras envían sus artículos a estos centros de distribución y desde allí se reparte el producto a todas las tiendas.

La coordinación, comunicación y flujo de información entre empresas proveedoras, talleres, tiendas y centros de distribución y diseño es clave, a tal punto que el grupo Inditex desarrolla internamente parte de esta tecnología.

El grupo Inditex define las principales características de su logística como flexible y de alta capacidad de respuesta. Estos son dos atributos fundamentales para alinear su cadena de suministro con la propuesta de valor de la compañía: crear tendencia en un segmento concreto de la moda. Para ello su nivel de inversión en logística (más de 1.700 millones de euros en un periodo de cinco años) está enfocado en su respuesta rápida y en la sostenibilidad.

El último ejemplo de inversión para mantener la cadena de suministro flexible y de respuesta rápida es el uso de RFID (identificación por radiofrecuencia), con lo que se consigue una trazabilidad en tiempo real de todos sus envíos. Esto permite conocer la ubicación de cada artículo y las ventas en cada tienda en tiempo real, lo que permite a Zara anticiparse a las necesidades de cada local, teniendo en cuenta qué producto se vende más y cuál se vende menos. Esta información es fundamental para responder a tiempo y garantizar los envíos en 48 horas.

La tecnología RFID está insertada en las tradicionales alarmas que cada prenda lleva adjunta. Estos dispositivos se colocan durante el proceso de confección y se envían a los centros logísticos, aun sin información. Allí, a través de un escáner, en cuestión de segundos se inserta toda la información de la prenda (modelo, talla, color, etc.).

En las tiendas, después de la venta del artículo, se retira la alarma y se borra la información, por lo que la alarma RFID está lista para ser enviada a una de las fábricas y repetir el proceso.

Habitualmente la tecnología RFID se desarrolla a través de etiquetas que se pegan en el exterior de las cajas y son de un solo uso; sin embargo, Zara se ha convertido en una empresa pionera, ya que, al implantar RFID dentro de las tradicionales alarmas que se colocan en las prendas, ha logrado obtener un sistema reciclable, por lo que estas alarmas RFID pueden reutilizarse más de cien veces. Además, esta tecnología permite agilizar los procesos sin perder fiabilidad en el flujo de información.

La última innovación de Zara para garantizar una rápida respuesta, que además apoya la propuesta de valor del negocio, es el desarrollo de áreas *multishuttle* en sus plataformas logísticas para prendas colgadas.

Este sistema está formado por carros o lanzaderas que se desplazan a lo largo de las estanterías, haciendo una preparación de pedidos *(picking)* automatizada de las

Fuente: Dematic.

Figura 2. Ejemplo sistema multishuttle.

prendas, de manera rápida y selectiva, con una eficiencia y eficacia mayor que los sistemas de extracción de las unidades de producto de su ubicación tradicional. Al mismo tiempo se actualiza el inventario y se obtiene la trazabilidad de todas las operaciones realizadas. Es decir que se trata de un *picking* de la «mercancía a la persona», evitando desplazamientos de personal.

El *shuttle* o bandeja central que se mueve entre estanterías obtiene la caja moviendo sus guías hacia la ubicación y posteriormente la traslada al final de la estantería, donde se encuentra la zona de preparación de pedidos.

De acuerdo con el grupo Inditex, este sistema permite incrementar la eficiencia y la precisión en la gestión de los tiempos de envío, a la par que duplica la velocidad de tránsito, almacenamiento y recogida de cajas.

Se debe tener en cuenta que la frecuencia de envíos de Zara y el plazo de entrega en 48 horas lleva consigo una alta utilización del transporte. Un dato significativo es que, desde su centro logístico de Meco, ubicado en la comunidad de Madrid, ya en el año 2013 se cargaban doscientos camiones semanales.

Para la distribución de prendas fuera de Europa y garantizar una rápida respuesta, los envíos se realizan en avión. En este caso, el compromiso de plazo de entrega en 48 horas está por encima de los costos (económico, medioambiental, etc.) que supone enviar mercancía por este medio.

El modelo logístico de Zara está puesto al servicio de la propuesta de valor de la compañía, tanto que se podría decir que el propio modelo logístico es también la propuesta de valor de la empresa.

Otro ejemplo de una compañía que cuenta con una excelente cadena de suministro, que se ha convertido en clave para su éxito, es Walmart, el gigante estadounidense del comercio minorista *(retail)*, cuyo modelo de negocio se basa en la venta de una gran variedad de artículos y su principal propuesta de valor es tener siempre los precios más bajos. Esto no significa que Walmart recorte costos a tijera. Se trata de una de las compañías que aplica un mayor grado de tecnología en su cadena de suministro y la usa para optimizar constantemente el costo, con lo que puede decirse que pone la tecnología al servicio de su propuesta de valor.

Para alinearse con la propuesta de valor de la compañía, Walmart simplifica al máximo su cadena de suministro, eliminado eslabones de la cadena, para obtener beneficios como:

- Ahorro de tiempo y agilización de los plazos de entrega.
- Gestión eficiente de su inventario.
- Mejora de la previsión de la demanda.

Walmart repercute en los precios de sus artículos y en los ahorros de costos en toda su cadena de suministro, por lo que alinear la estrategia de la cadena de suministro con la estrategia de la compañía es crucial.

Algunas de las prácticas de esta empresa, que han hecho de su cadena de suministro una de las más estudiadas del mundo, están enfocadas en la simplificación y en la efectividad de los procesos.

Desde hace tiempo Walmart colabora directamente con los fabricantes de sus productos. El gigante estadounidense maneja unos volúmenes enormes y aprovecha la economía de escala para obtener la colaboración de empresas proveedoras, además de mejores precios.

Dentro de esta colaboración está incluida la conexión y el intercambio automático de información. Walmart tiene un alto nivel de tecnología de la información que comparte con las empresas proveedoras, de modo que les da a conocer, en tiempo real, las cifras de consumo en las tiendas; para esto, al igual que Zara, Walmart utiliza la tecnología RFID.

Además, Walmart permite a dichas empresas gestionar sus propios inventarios a través del método de inventario administrado por la empresa proveedora o VMI *(vendor-managed inventory)*, de tal manera que la decisión acerca de qué productos fabricar y enviar queda en sus manos. Con este sistema, Walmart pretende asegurar el suministro de los productos en su tienda, con el objetivo de que siempre estén disponibles, a la vez que ahorra costos en la gestión de compras e inventario.

Otra iniciativa muy popular que en su día implantó Walmart es un sistema de reexpedición *(cross-docking)* llevado a su máxima expresión. Por lo general, los productos que envían las empresas proveedoras pasan directamente del camión de esta al de reparto y luego a las tiendas, eliminando así los costos de almacenamiento y reduciendo el tiempo de tránsito de los artículos.

Un aspecto sorprendente de Walmart es que tiene su propia flota de transporte, pues la empresa entiende que las incidencias en esta actividad tienen un alto costo. Por eso, para evitar inconvenientes que generen pérdidas de dinero, Walmart contrata a sus propios conductores, les da un sentido de pertenencia a la compañía y les brinda la oportunidad de especializarse. Sin embargo, Walmart tiene unos requisitos estrictos a la hora de contratarlos, pues pide que tengan tres años y 250.000 millas de experiencia; además de la ausencia de accidentes prevenibles en tres años (datos obtenidos de *Truckerslogic)*.

Por todo esto se puede considerar que Zara y Walmart son ejemplos de estrategias corporativas y de cadenas de suministro completamente alineadas que llevan a estas compañías a ser exitosas. Veamos ahora un ejemplo de no alineación.

Ejemplo real de no alineación

Una empresa tenía varios almacenes distribuidos por Europa y decidió entrar en un nuevo mercado ubicado en el sur de Alemania. La competencia era capaz de entregar los productos en 24 horas y, por lo tanto, la potencial clientela no esperaba menos. El departamento de ventas adquirió el compromiso de entrega en 24 horas, sin tener en cuenta las capacidades de la cadena de suministro y sin darse cuenta de que el almacén más cercano estaba ubicado a un mínimo de 48 horas de tránsito.

Las quejas de los clientes no tardaron en llegar y con ellas las tensiones internas y el estrés. Reconducir la situación desembocó en una reorganización de la red de almacenes, con el fin de adaptar la cadena de suministro a las expectativas de la clientela. Pero fue una acción reactiva con todo el perjuicio que conlleva a la reputación ante el mercado y costos extra.

Como se evidencia en este ejemplo, con frecuencia, la causa raíz de muchos problemas y tensiones en la cadena de suministro es la falta de alineación entre estrategias.

Desafortunadamente, esta situación es bastante frecuente, pues por lo general la alta dirección está formada por profesionales con conocimientos en ventas, finanzas o *marketing*, pero no es habitual encontrar personas en comités de dirección que provengan del área de operaciones o cadenas de suministro. Por lo tanto, en estos casos puede ocurrir que la cadena de suministro sea desconocida para los comités de dirección y se vea como un proceso que genera costos inevitables para producir y entregar un producto o servicio. También ocurre que no se suele tener en cuenta en el momento de adquirir compromisos con la clientela.

Este no es un problema solo de la dirección, ya que los profesionales de las cadenas de suministro también tienen la responsabilidad de hacer pedagogía y lograr que el resto de la compañía entienda que esta es un área que también puede aportar valor.

Capítulo 2
La estrategia de la compañía, el punto de partida

Este capítulo no profundiza en la manera en que se diseña una estrategia corporativa, pero sí en el estudio de algunos de sus mecanismos para poder interpretarla oportunamente.

Si se quiere alinear la estrategia de la cadena de suministro con la estrategia de la compañía, lo mejor es participar en su diseño y entender el porqué de las decisiones, para de esta manera desplegar la estrategia de la compañía o de la cadena de suministro en el resto de la organización, de una manera más eficaz.

La palabra 'estrategia' proviene del griego *strategos*, que se utilizaba en la Antigua Grecia para designar al general o comandante en jefe. Así, el término está originalmente ligado al ámbito militar.

Se trata de la unión de los términos *stratos*, que quiere decir ejército, y *agein*, que significa conducir o guiar. Es decir que hace referencia al arte de conducir las operaciones militares para vencer a un rival.

Sin belicismos de por medio, las empresas tratan de conquistar cuotas de mercado a través de convencer a una potencial clientela de las bondades de sus productos o servicios. Tarea nada fácil si no se ha diseñado una estrategia al respecto.

Parte de la estrategia de la compañía está en identificar y desarrollar una ventaja competitiva, una propuesta de valor que la diferencie de sus competidores, es decir, el motivo por el que una persona debería comprarle a esa compañía y no a la competencia.

Los motivos de compra pueden ser varios. La empresa puede ofrecer los precios más bajos o la mejor calidad, puede ser innovadora, o incluso puede intentar crear nuevas necesidades en las personas (como hizo Apple con su iPod); puede prometer plazos de entrega en el mismo día (como está haciendo Amazon), o incluso puede intentar la combinación de algunas propuestas, pero, por lo general, las compañías no pueden entregar al máximo nivel todos los atributos ganadores al mercado, pues no se puede apostar por productos de alta calidad o personalización y ser una empresa de bajo costo, por poner un ejemplo.

Lo cierto es que no todas las personas demandan los mismos atributos, por lo que hay otra parte de la estrategia que es fundamental: elegir a qué segmento del mercado potencial se quiere satisfacer, pues lo ideal es que sea el tipo de cliente que necesita justo lo que la empresa sabe hacer bien.

La figura 3 muestra cuestiones fundamentales de la estrategia de la compañía que quienes operan en su cadena de suministro deben conocer para garantizar su alineación.

La cuestión se complica cuando la empresa diversifica y se enfoca en otro tipo de clientela que tiene necesidades distintas, por lo que demanda otros atributos. Lo ideal es poseer muy buenas cualidades en al menos dos atributos para que la compañía se diferencie de sus competidores. El problema es que, por lo general, estas dos ventajas competitivas distintas se gestionan con la misma cadena de suministro, ocasionando con frecuencia tensiones y complicaciones.

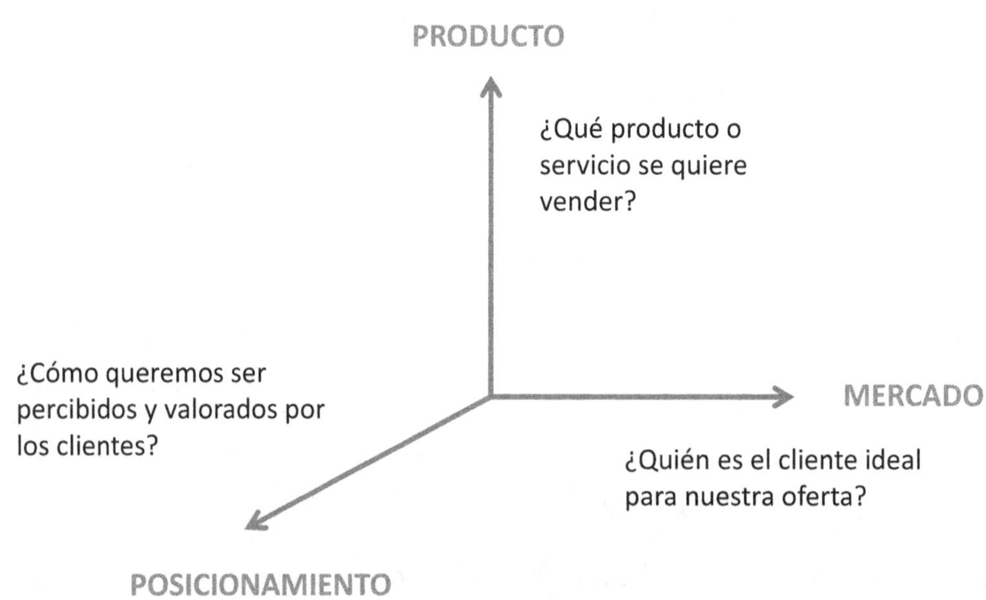

Fuente: Escuela de Alta Dirección y Administración (EADA Business School).

Figura 3. **Preguntas fundamentales para establecer la estrategia de un negocio.**

Michael E. Porter, profesor de la Escuela de Negocios de Harvard, diferencia tres estrategias competitivas genéricas:

- Ser líder en costos, es decir, ofrecer productos con características similares a la competencia, pero más baratos.
- Ofertar productos o servicios exclusivos y diferenciadores, entendiendo por exclusivo algo que pocos pueden ofrecer para ser líder en diferenciación. Esto puede ser perfectamente un nivel de calidad concreto.
- Seleccionar un segmento específico de clientes y dirigirse a él con alguna de las estrategias anteriores.

Ligado a esto existe el riesgo de considerar la eficacia operacional como una estrategia en sí. La eficacia operacional es clave para el éxito de una compañía, pero no es suficiente por sí misma porque las actividades para fabricar y entregar un producto o servicio con la calidad y la rapidez requerida generan inevitablemente un costo. La eficacia operacional se da cuando una compañía puede realizar esas actividades de manera más eficiente que sus competidores. El problema para algunas compañías es la incapacidad para traducir su eficacia operacional en unos beneficios sostenibles.

Hay una infinidad de técnicas para conseguir la eficacia operacional: la calidad total, la reingeniería, la comparación de procedimientos, etc., que hacen que las empresas operen con menos defectos, reduzcan el tiempo de ciclo de sus procesos o consigan más *output* con menos recursos. El problema es que los competidores también tienen acceso a esas técnicas y tarde o temprano igualan esa eficacia operacional.

Lo que Porter indica es que, además, las compañías deben establecer algo que las diferencie de sus competidoras y que puedan mantener en el tiempo, es decir, una estrategia (diferenciación y posicionamiento) y eficacia operacional.

Un ejemplo de que la eficacia operacional es muy importante pero no suficiente son las empresas japonesas de automóviles. Compañías como Honda o Toyota consiguieron una gran ventaja en la eficacia operacional respecto a sus rivales europeos y americanos en la década de 1980, pues eran capaces de fabricar automóviles con mayor calidad y a un costo más bajo, a tal punto que sus sistemas se convirtieron en objeto de estudio y análisis, y luego fueron implantados (al margen de la cultura japonesa) en las compañías competidoras. El problema es que, cuando la eficacia operacional es muy similar en todos los jugadores de un mismo sector, como puede ocurrir hoy en día con las compañías fabricantes de automóviles, este deja de ser un elemento diferenciador.

Cuando esto ocurre se cae en la tentación de seguir buscando la diferenciación a través de la eficacia operacional mediante la reducción de costos, pero de una manera más radical, comprometiendo la calidad o la capacidad de respuesta de la compañía.

Algo así ocurrió con Honda y Toyota a mitad de la década de 1990, cuando vieron que su excelente eficacia operacional ya no era suficiente para ofrecer precios más bajos que la competencia, como demandaban los clientes; por eso, para conseguirlo, decidieron escatimar en algunas de las características que ofrecían en sus autos. En Estados Unidos, Honda cambió los frenos de disco trasero del modelo Civic por frenos de tambor más baratos, también cambió los tejidos de los asientos traseros por otros menos costosos, posiblemente con la esperanza de que la clientela no lo notara.

Por su parte, Toyota colocó asientos más baratos en su modelo Corolla y dejó de pintar sus parachoques.

El resultado no fue el esperado, ya que sus ventas cayeron. Se habían convertido en una marca más, eliminando la diferenciación que les había dado tanto éxito.

En sus tres estrategias competitivas genéricas para completar la eficacia operacional, Michael E. Porter profundiza en la diferenciación y en el posicionamiento, y define tres fuentes de donde emerge este concepto estratégico que, además, pueden ser complementarias:

- Posicionamiento basado en la variedad de la clientela, es decir que se alcanza un gran espectro de público objetivo, pero con un limitado número de productos.

  La compañía es especialista en cierto tipo de productos, por lo que puede producirlos con mejores características o más eficientemente que sus competidoras, pero probablemente no logre cubrir todas las necesidades que plantea el mercado.

- Posicionamiento basado en las necesidades de la clientela. La empresa logra satisfacer todas o la mayor parte de las necesidades de productos o servicios de un segmento concreto del mercado.

  Ikea es un ejemplo de este posicionamiento porque pone a disposición del público una amplia gama de muebles para el hogar, pero enfocado en un segmento que valora más el precio que el servicio.

- Posicionamiento basado en cómo se llega o accede a diferentes grupos de clientes con necesidades similares. Por ejemplo, esta condición puede estar influenciada por el factor geográfico, en el que unas necesidades similares pueden ser cubiertas de diferente manera en zonas urbanas y en rurales.

La escala o el tamaño de la clientela puede ser otro ejemplo, debido a que servir a grandes empresas puede requerir un conjunto de actividades para acercarse a ellas de una manera diferente a la que se utilizaría con otros de menor tamaño.

Uno de los principales retos de una estrategia es conseguir su sostenibilidad en el tiempo; es decir, mantener la ventaja competitiva, ya que este factor es fundamental para que una compañía tenga más éxito que sus competidoras. En este sentido, las cadenas de suministro juegan un papel muy importante.

Hay dos factores que ayudan a mantener la ventaja competitiva: las contrapartidas *(trade-off,* en su denominación en inglés) y el encaje de las actividades a realizar en la compañía para llevar a cabo la estrategia.

Para alcanzar estos dos factores, es importante que la directiva de las empresas entienda que no se pueden entregar, simultáneamente, todos los atributos al máximo nivel, ya que, por lo general, no se puede tener un elevado nivel de servicio, una excelente calidad, unos costos bajos, entregas inmediatas y todo al mismo tiempo. Cuando la compañía haya definido su posicionamiento y su propuesta de valor o ventaja competitiva, podrá identificar sus contrapartidas, es decir, aquellos atributos que, como consecuencia de ofrecer otros a gran nivel, serán entregados en un nivel más bajo. La elección de la ventaja competitiva y su correspondiente contrapartida definirá el conjunto de actividades que la empresa tendrá que desarrollar dentro de la cadena de suministro.

Por ejemplo, Ikea diseña sus actividades para obtener una ventaja competitiva a través de precios bajos. Para eso, entre otras cosas, las personas obtienen los productos que necesitan de las estanterías o montan los muebles en sus casas ellas mismas. Sin embargo, mientras la empresa más se enfoque en estas actividades, menos podrá satisfacer a la clientela que desea un mayor nivel de servicio. En este caso, el servicio sería la contrapartida.

Por otra parte, muchas compañías con una imagen muy definida y proporcionada por una ventaja competitiva concreta han querido entregar un nuevo atributo ganador para competir con otras empresas que sean fuertes en otros aspectos, pero al tratar de hacer esto han devaluado o eliminado su contrapartida, perjudicando de esta manera su ventaja competitiva y confundiendo a sus clientes. Esto explica por qué las contrapartidas pueden proteger la ventaja competitiva.

Las contrapartidas son importantes porque obligan a la compañía a elegir y a posicionarse más claramente en una ventaja competitiva. Se podría decir que una contrapartida muy marcada corresponde con una ventaja competitiva muy definida.

A menudo se pueden encontrar empresas que, una vez han alcanzado la eficacia operacional, creen que una buena alternativa es eliminar las contrapartidas, pero tal como se ha explicado, si no las hay, difícilmente se podrá conseguir una ventaja sostenible. Esto no es impedimento para que las contrapartidas se trabajen y se intenten minimizar u optimizar.

El otro aspecto para mantener la ventaja competitiva en el tiempo es el encaje entre todas las actividades que la compañía debe realizar para entregar dicha ventaja.

La elección que hace la compañía sobre cómo posicionarse determinará el conjunto de actividades que debe realizar para diferenciarse de las demás. El encaje tiene que ver con cómo esas actividades están relacionadas entre sí, cómo se combinan, cómo se refuerzan las unas a las otras, cómo una mejora en una actividad impacta en el resto de la cadena, mejorándola y haciéndola más robusta. Lo importante es el conjunto, no una actividad por sí sola.

Las competidoras podrán copiar una actividad, pero les resultará extremadamente difícil imitar toda la cadena de actividades, lo que permite proteger a la compañía y ayuda a que la ventaja competitiva se mantenga en el tiempo.

El conjunto de actividades debe ser consistente con la estrategia de la compañía a lo largo de toda la cadena; de esta manera no habrá contradicciones entre actividades y estrategia, lo que facilita la comunicación y asimilación de la estrategia por parte de todas las áreas y personas involucradas.

Southwest Airlines, una aerolínea estadounidense de bajo costo, es un buen ejemplo de encaje eficaz entre actividades que, según el Departamento de Transporte de Estados Unidos, se ha convertido en la aerolínea que más pasajeros transporta en ese país y lo ha conseguido siendo, además, una de las aerolíneas más rentables del mundo.

Todas las actividades que Southwest Airlines realiza están alineadas con su filosofía de bajo costo: opera en aeropuertos secundarios, hace trayectos cortos, tiene rotaciones rápidas en las puertas de embarque (lo que permite más vuelos y más frecuentes), no ofrece comida en el avión ni enlaza equipaje en las conexiones, tampoco ofrece servicios *Premium* y todos sus aviones son Boeing 737, pues el hecho de tener un solo tipo de avión que sea útil para las distancias que vuela, reduce costos de mantenimiento.

Como se ha comentado, la mayoría de las actividades ocurren dentro de las operaciones o de la cadena de suministro. Por este motivo, es crucial que los profesionales de las cadenas de suministro participen en el diseño de la estrategia de la compañía y, por defecto, en decidir cómo desarrollar las actividades derivadas de la estrategia; de esta manera se puede alinear la cadena de suministro con las actividades de la compañía y con las expectativas de la clientela. Además, participar en el diseño de la estrategia ayuda a entender el porqué de las decisiones que se toman y, por lo tanto, incrementa el sentimiento de pertenencia y el compromiso con el proyecto de la compañía, lo que constituye una base sólida para el éxito.

Uno de los problemas que las empresas deben enfrentar es que, al realizar el análisis del sector donde quieren operar, la única amenaza que se identifica son las compañías competidoras. Esto es obvio porque la guerra de precios, las promociones, las campañas publicitarias, etc., con la intención de captar más cuota de mercado, se recrudecen, especialmente cuando las competidoras son de tamaño y poder similar o cuando el mercado no crece, pero siempre hay más elementos que conviene analizar. Porter identifica cuatro amenazas adicionales:

- Los posibles nuevos competidores entrantes.
- El poder de negociación de las empresas proveedoras.
- Los posibles productos sustitutos.
- El poder de negociación de los clientes.

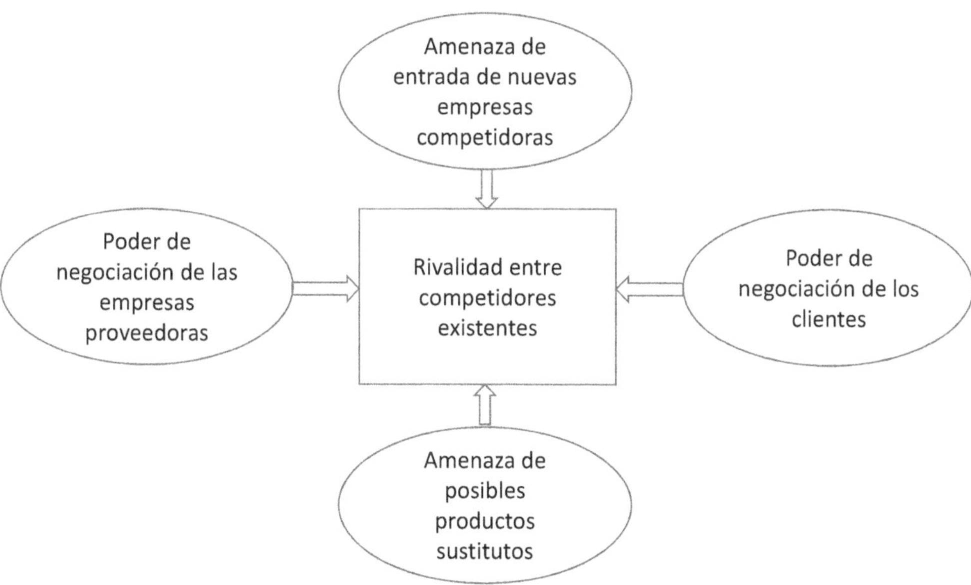

Fuente: Michael E. Porter. 2008.

Figura 4. **Amenazas para un negocio, las cinco fuerzas competitivas.**

La rivalidad extendida que se genera como consecuencia de estas fuerzas define la estructura de un sector y da forma a la naturaleza de la interacción competitiva dentro del mismo.

Si las fuerzas son intensas, como por ejemplo en líneas aéreas o empresas textiles, prácticamente ninguna compañía obtiene retornos atractivos sobre sus inversiones. Por lo tanto, comprender la estructura del sector es clave para un posicionamiento estratégico eficaz de la empresa, defenderla de las fuerzas competitivas y moldearlas para su propio beneficio.

- **Amenaza de las nuevas competidoras entrantes**

  Las competidoras entrantes introducen nuevas capacidades y un deseo de adquirir participación de mercado, lo que ejerce presión sobre los precios, los costos y la tasa de inversión necesaria para competir. Para combatir esta amenaza se pueden elevar las barreras de entrada, por ejemplo, aprovechando la economía de escala que los nuevos entrantes no pueden disfrutar en los primeros años, reforzando la relación con la mayoría de clientes que compran por fidelidad o costumbre, potenciando aspectos que supondrían un costo elevado para ellos si deciden cambiar de proveedor o el *know-how,* ya que la especialidad y experiencia en el mercado son difíciles de adquirir a corto plazo. Obsérvese que los costos pueden verse afectados si una nueva empresa proveedora vende materiales que cumplen la función final pero que requiere hacer modificaciones en el proceso de producción, lo que puede hacer que los materiales anteriores queden obsoletos al no poder ser utilizados, o que se deba dedicar tiempo a la formación del personal.

  Cuando una nueva empresa es capaz de romper las barreras de entrada de manera fulminante, puede cambiar las expectativas de los clientes. Un buen ejemplo es el caso de Amazon, que está revolucionado el mercado y la organización logística, ha cambiado las expectativas de la clientela con su servicio y oferta, y ahora muchos clientes esperan el mismo servicio y oferta de otras compañías.

  Las empresas tienen que estar atentas a la actuación de los nuevos competidores para adaptarse a las nuevas necesidades del mercado y no verse apartados del mismo.

  Los profesionales de la cadena de suministro deben estar involucrados y conocer los cambios que la compañía puede provocar para elevar las barreras de entrada, ya que algunos de ellos ocurrirán en la cadena de suministro.

- **El poder de negociación de las empresas proveedoras**

  Dentro de la cadena de suministro, la colaboración con los proveedores es vital. Básicamente se pueden identificar dos escenarios: la empresa proveedora tiene una posición dominante sobre la empresa cliente o, por el contrario, es esta quien tiene mucho poder y lo puede ejercer sobre la proveedora. Dentro de esta colaboración no se consideran únicamente los precios. Es posible que una compañía cliente requiera a sus proveedores que compartan información del inventario o la gestión del mismo, que se realicen entregas con una determinada frecuencia, con embalajes o cantidades no habituales, incluso que se ubiquen próximos a sus instalaciones o que desplacen personal para realizar trabajos *in situ,* participar en el diseño de productos u otras iniciativas.

  Si el cliente tiene una posición de poder sobre la empresa proveedora, todas estas iniciativas, que perfectamente pueden ser necesarias para apoyar la estrategia de la compañía, son más fáciles de llevar a cabo; pero si es el proveedor el que tiene una posición privilegiada, estas actividades pueden estar comprometidas, quizá también comprometan la estrategia y, por lo tanto, condicionen las actividades a realizar en la cadena de suministro. Las empresas proveedoras poderosas pueden aglutinar para ellas mismas gran parte del valor, y si tienen una posición dominante pueden transferir más costos a sus clientes, comprometiendo o limitando la estrategia de estos, si no son capaces de repercutir los costos a sus productos.

  Una empresa proveedora puede tener una posición de privilegio respecto al cliente: si:

  - Está más concentrada que el sector al cual vende (por ejemplo, Microsoft como fabricante dominante que vende el *software* a fabricantes de ordenadores personales en un mercado mucho más fragmentado).
  - Los grupos de proveedores no dependen en exceso del sector para sus ingresos.
  - Los clientes deben asumir costos por cambio de proveedor, por ejemplo, si han invertido en equipamiento complementario para transformar los materiales o si se han instalado cerca de los proveedores.
  - Las empresas proveedoras ofrecen productos que son únicos o patentados.
  - No existe un sustituto para lo que ofrece un proveedor.
  - El proveedor o el grupo proveedor puede amenazar creíblemente con integrarse en el sector de forma más avanzada.

- **El poder de negociación de los compradores**
  En el lado opuesto al del proveedor poderoso, se pueden encontrar clientes poderosos que capturarán más valor si obligan a que los precios bajen o consiguen que otros atributos sean entregados a más nivel por parte del proveedor, como calidad o innovación, generando situaciones de tensión y estrés para el proveedor. Esto puede crear enfrentamientos entre las compañías del sector, comprometiendo la rentabilidad del mismo.

  Por lo general, siempre se intenta capturar más valor a través de la presión a los precios.

  Un cliente tiene posición de privilegio si:

  - Tiene el tamaño necesario para comprar grandes volúmenes, especialmente si el proveedor necesita volumen para cubrir sus costos fijos.
  - Los productos en el sector son estándar o *commodity* y no hay una diferenciación especial, por lo que el cliente puede cambiar de proveedor fácilmente, sin costo.
  - Los clientes tienen la capacidad suficiente para fabricar los productos que compran a sus proveedores, algo que pueden utilizar como amenaza constante para obtener mejores precios.

  Esta presión a la empresa proveedora y los enfrentamientos o batallas por la rentabilidad del sector que se ha mencionado antes, también tiene su impacto en las actividades de la cadena de suministro, pues es un generador de conflictos entre la propuesta de valor de la compañía (siempre que no sea precio) y las necesidades internas derivadas de esa batalla por el precio. Como se ha mencionado, ese conflicto es una de las causas del estrés y la tensión en las cadenas de suministro.

- **La amenaza de los posibles productos substitutos**
  Un producto substituto cumple la misma función que un producto existente, pero de distinta forma. Las computadoras fueron sustitutas de las máquinas de escribir; el aluminio, de otros materiales más pesados; las web de viajes sustituyen a las agencias de viaje; la tendencia de construir edificios de obra vista es una amenaza para las pinturas de exterior, etc.

  Esta amenaza es especialmente crítica, ya que a veces el producto substituto no es tan evidente o visible para las compañías con artículos susceptibles de ser substituidos. Cuando la amenaza de los substitutos es alta, el sector vuelve a tensionarse y su rentabilidad se ve afectada. Si las empresas no son capaces de diferenciarse con sus productos, su propuesta de valor sufrirá y de nuevo se crearán tensiones en toda la compañía, especialmente en la cadena de suministro que tendrá que gestionar actividades contradictorias, destruyendo lo que antes se mencionaba sobre el encaje entre actividades para garantizar la ventaja competitiva en el tiempo. El ejemplo típico es la empresa que entrega un producto *premium* de alto valor añadido y empieza a ser presionada para reducir costos.

La amenaza de un substituto es alta si:

- Ofrece una relación precio-desempeño (contrapartida) mejor que el producto actual.
- El costo de cambiar al producto substituto es muy bajo.

Si las personas que participan en la gestión de las cadenas de suministro también tienen la oportunidad de hacerlo en el diseño de la estrategia y en los análisis mencionados, gran parte del trabajo está avanzado, ya que se obtiene información de primera mano y ambas partes están involucradas en las decisiones. Por esta razón también es importante que quienes ostentan la dirección de operaciones o de la cadena de suministro sean miembros de los comités de dirección.

Con toda esta información clarificada es más fácil alinear la estrategia de la cadena de suministro, lo que no solamente significa tener la oportunidad de participar e influenciar en la estrategia de la compañía, sino que los líderes de la cadena de suministro también deben realizar un esfuerzo para adaptar su tradicional estilo táctico y adoptar uno más estratégico.

En la tabla 1 se muestran las principales diferencias de estilo entre los líderes de la cadena de suministro tácticos y estratégicos.

El enfoque funcional e interno de los líderes más tradicionales de la cadena de suministro provoca que principalmente se relacionen con personas del mismo perfil, por lo que es inusual una relación interdepartamental abierta. Además, para medir el rendimiento eligen indicadores que solo tienen que ver con operaciones y a menudo entran en contradicción con los indicadores del resto de la compañía, lo que genera un riesgo de crear silos. Su visión de conceptos como el rendimiento, la reducción del costo y la eficiencia (lo que tradicionalmente se percibe como la excelencia en las cadenas de suministro) no tiene porqué significar una mejora en la excelencia global de la compañía, ya que se corre el riesgo de restar capacidad de respuesta cuando la clientela cambia sus necesidades y empieza a demandar otros atributos.

Características	Dirección de cadena de suministro tradicional	Liderazgo de cadena de suministro estratégica
Orientación	Funcional, fuertemente interna	Coordinadora, fuera de su departamento
Enfoque del rendimiento	Coste o minimización del costo	Impulsado por los resultados / maximización de los ingresos
Definición de excelencia	Excelencia de la cadena de suministro	Excelencia del negocio
Postura	Foco en la ejecución	Haciendo la pregunta correcta. Asegurar que el resultado y dirección deseadas son entendidas y seguidas
Trato con la clientela	De dentro a fuera	De fuera a dentro
Comunicación	Orientación funcional. Capacidad, rendimiento, cuellos de botella, inventario, ppm, costo	Medidas de rendimiento y métricas. Usar las métricas de los clientes como propias
Complejidad	Se esfuerza por eliminarla	Entiende y acepta la complejidad como algo que forma parte del juego. Se esfuerza por eliminar las complicaciones innecesarias
Incertidumbre	Desea la estabilidad, no quiere los cambios	Acepta la incertidumbre y el cambio
Toma de decisiones	Reflexiva, deliberación	Toma de decisiones rápida
Tipo de soluciones deseadas	Óptima	Robusta
Postura general	Especialista en herramientas de mejora de eficiencia, reducción de problemas, estructurada	Centrado en el problema, especialista en identificar el problema real y enfocar al resto del personal

Fuente: Deloitte.

Tabla 1. Estilos de líderes tácticos y estratégicos.

Tener una visión muy interna y no mirar al exterior también influye en la manera en que estos profesionales se comunican, que normalmente se caracteriza por el uso de un lenguaje demasiado específico (cuellos de botella, partes por millón «PPM», tiempos de ciclo, etc.) y que prácticamente solo comprenden los profesionales de la cadena de suministro, contribuyendo a su propio aislamiento. Los líderes más tradicionales persiguen la estabilidad; buscan grandes lotes, surtido reducido y homogéneo, y una economía de escala para maximizar la eficiencia de los equipos productivos en contra de la eficiencia del flujo; por lo tanto, tienen una visión de adentro hacia afuera e intentan entregar a la clientela lo que las cadenas de suministro saben hacer, que, a veces, no es igual a lo que esta necesita.

Por el contrario, los líderes de la cadena de suministro que tienen una visión más estratégica que táctica han desarrollado la capacidad de abrir las operaciones al resto de la compañía, promueven una colaboración abierta y estructurada con el resto de la organización, con una visión holística y bidireccional de las operaciones, alinean sus indicadores con los del resto de la compañía para romper los silos (incluso pueden adoptar los mismos indicadores que está usando la clientela), se esfuerzan por entender las necesidades de otros departamentos de la empresa y por cubrirlas adecuadamente desde la cadena de suministro. Al mismo tiempo, se ocupan de que el resto de la organización entienda y conozca las necesidades de la cadena de suministro para que estas también sean cubiertas satisfactoriamente y hacen visibles sus limitaciones.

Adicionalmente, entienden la complejidad que viene de los clientes y diseñan sus procesos de tal manera que puedan gestionarla de la forma más eficiente, lo que no quiere decir que no se esfuercen en eliminar las complicaciones del proceso que no aportan valor, como, por ejemplo, inspecciones adicionales para detectar defectos en los materiales enviados por el proveedor, lo que en *lean* se conoce como despilfarros (*waste*, o muda para las empresas japonesas).

Los líderes menos tradicionales se esfuerzan por asegurar que todas las personas de su organización conozcan y entiendan la dirección a seguir, la visión y el resultado que se persigue, involucrando a todo el personal en la elección de las iniciativas que lo hagan posible. Más que conseguir la denominada excelencia en la cadena de suministro, se enfocan en la manera en que la cadena de suministro puede apoyar a la compañía para alcanzar la excelencia en el negocio, entregando el valor acordado al cliente. Su enfoque es de afuera hacia adentro, lo que pretende entender las necesidades de los clientes y diseñar el modelo de cadena de suministro, de tal modo que ofrezca los *outputs* que satisfagan dichas necesidades.

Capítulo 3

El modelo

3.1 Cómo alinear la estrategia de la cadena de suministro

Este modelo probablemente recuerde el ciclo de mejora continua PDCA *(Plan-Do-Check-Act)* de Deming. No en vano, aunque se hable de estrategia, es necesario un enfoque estructurado, basado en cuatro pasos aplicables tanto para diseñar una nueva cadena de suministro, como para evaluar la alineación de una ya existente.

Los dos primeros pasos determinan la base desde la que se parte. Vale la pena dedicar todo el tiempo y esfuerzo necesarios para recopilar la información, analizarla y entenderla; especialmente para comprender las expectativas de los clientes y la estrategia de la compañía (paso 1). En este caso, cuanto más precisa sea la información recabada, mejores decisiones se podrán tomar.

Los dos últimos pasos se basan en la toma de decisiones y la acción. Lo importante es adquirir el compromiso de todas las personas que trabajan en la empresa y atreverse a llevar a cabo las transformaciones propuestas.

Para visualizarlo mejor, veamos una introducción explicativa de cada paso.

3.1.1 Paso 1. Entender las expectativas de los clientes y la estrategia de la compañía

La cadena de suministro nunca podrá alinearse con algo que no conoce. Por eso, el primer paso puede estar plagado de suposiciones y tópicos.

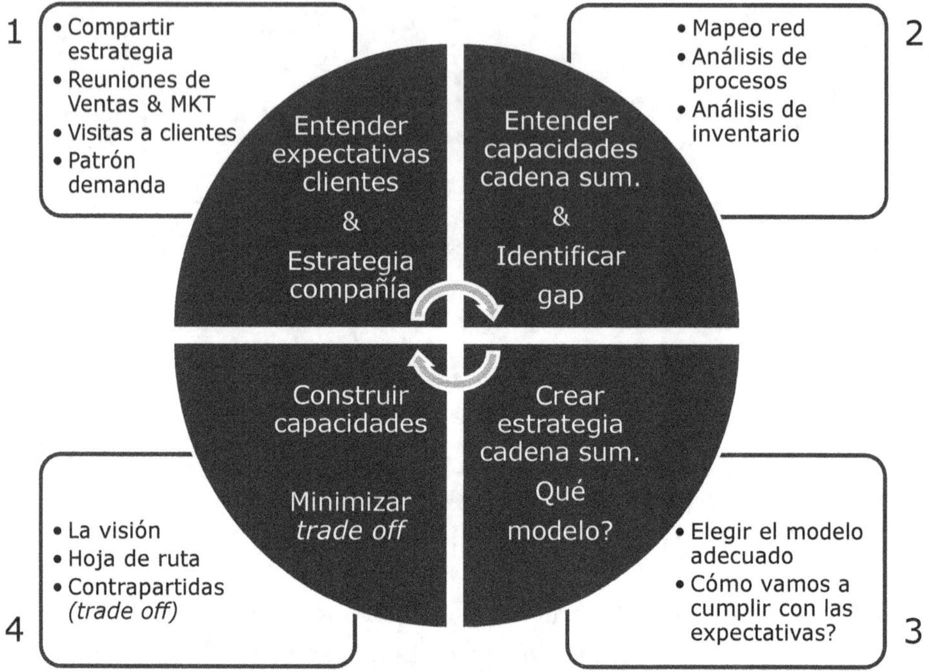

Figura 5. Los cuatro pasos para construir un modelo que permita alinear estrategias en la cadena de suministro.

Pocos colaboradores de la cadena de suministro pueden describir la estrategia de la compañía en la que trabajan o su propuesta de valor, más allá de los típicos «ser número uno en ventas», «crecer» o «fabricar productos de calidad».

El problema es que si no se tiene clara la estrategia de la compañía, menos claras estarán las expectativas de la clientela y sus verdaderas necesidades, por lo que a menudo se evidencia que para gestionar la cadena de suministro, las empresas han elegido algunos indicadores que no están alineados con las necesidades de sus clientes, con un riesgo muy elevado de tomar decisiones erróneas.

Por ejemplo, en las cadenas de suministro más tradicionales, donde el enfoque es exclusivamente interno y se basa únicamente en la reducción de costos, la mayoría de los indicadores están diseñados para obtener información sobre cuánto se logra reducir. Un caso típico es la gestión de los días de inventario, uno de los aspectos más importantes de la cadena de suministro, por lo que debe estar lo más optimizado posible (mientras menos días sean, mejor); sin embargo, el riesgo está en que el enfoque interno impide mirar hacia el mercado, lo que puede comprometer el servicio al cliente y genera roturas de *stock*.

Otro aspecto a tener en cuenta es el tipo de producto que se maneja y su demanda. En gran medida, las características del producto y su patrón de demanda definen el tipo de cadena de suministro que se necesita.

Para cada tipo de producto hay un proceso y cada tipo de proceso ofrece distintos *outputs:* calidad, eficiencia, innovación, flexibilidad, etc. A veces el *output* del proceso ideal para un producto concreto no está en línea con lo que la compañía ha prometido al cliente, lo que se acentúa en empresas que diversifican y operan en diferentes mercados, con necesidades distintas, pero que trabajan con una sola cadena de suministro. En casos como este, los profesionales de la cadena de suministro deben ser capaces de identificar la no alineación y, lo más importante, saber explicarla al resto de la compañía.

El patrón de la demanda también acaba por definir la organización de toda la cadena de suministro. Cada vez es más difícil obtener certidumbre en la demanda y no es raro encontrar empresas que luchan en mercados con una demanda volátil e incierta, pero con unos procesos rígidos que hacen tensionar toda la cadena para mantener un servicio de calidad al cliente, ya que la demanda incierta requiere flexibilidad.

Al fin y al cabo, para manejar una demanda cambiante, volátil e incierta solo hay dos caminos, o la compañía es extremadamente flexible y puede responder en un plazo muy corto de tiempo, o tiene que compensar esa falta de flexibilidad con inventario.

Para evitar estos conflictos, es importante entender bien las expectativas de los clientes y la estrategia de la empresa.

3.1.2 Paso 2. Entender las capacidades de la cadena de suministro e identificar la brecha con los clientes

Si se ha conseguido entender a la clientela, se sabe cómo se comporta la demanda y se conoce la estrategia de la compañía. Llega entonces el momento de hacer un análisis de la cadena de suministro, de identificar el modelo para saber si es ágil, eficiente o innovador; de entender las capacidades y competencias de la cadena de suministro, es decir, qué es lo que se hace bien y qué no tan bien, cómo es la comunicación interna y con el resto de la organización, qué atributos se pueden ofrecer a gran escala (calidad, precio o rapidez, por ejemplo) y cuáles no.

Dependiendo de la organización de cada compañía y del alcance de la cadena de suministro, es recomendable analizar y entender las capacidades y cualidades, respondiendo algunas preguntas.

- El nivel de servicio de la compañía y cómo se mide. ¿Está dando el indicador de servicio la información que se necesita para tomar decisiones eficaces, de acuerdo con los datos obtenidos en el paso 1? ¿Están los almacenes en el lugar correcto y tienen el surtido adecuado, tanto en referencias como en cantidades para entregar el producto en el tiempo estipulado? ¿Se conoce el costo real del servicio que ofrece la compañía? ¿El servicio de transporte está subcontratado o es propio? ¿Se han analizado los pros y contras de ambas posibilidades? ¿La opción de transporte elegida es la más adecuada según lo observado en el paso 1? ¿Cómo mide la compañía el nivel de servicio, calidad y costo del transporte?

- De acuerdo con el tipo el patrón de demanda y el comportamiento de los mercados y clientes analizado en el paso 1, se deben responder otros interrogantes. ¿Tiene la compañía un sistema de previsión de demanda adecuado? ¿Se basa solamente en datos históricos o es capaz de obtener datos fiables de mercado? ¿Cómo se comunica y coopera la cadena de suministro con los departamentos de ventas y *marketing*? ¿Existen procesos estructurados para ello o se deja a lo que dicte el día a día?

  ¿Cómo se planifica la cadena de suministro? ¿Es flexible o rígida? ¿Se pueden acomodar urgencias inesperadas? ¿Se planifica a corto o medio plazo?

  ¿Las empresas proveedoras tienen plazos de entrega largos o cortos? ¿Pueden reaccionar a tiempo ante los posibles cambios de planificación de la compañía? ¿Qué criterio se utiliza para la selección de proveedores, precio, proximidad, calidad y capacidad de innovación? ¿Este criterio está alineado con lo observado en el paso 1? ¿Cómo se comunican y cooperan los departamentos de aprovisionamientos y planificación? ¿Son independientes u operan bajo el mismo paraguas? ¿El inventario está planificado bajo premisas financieras (es mejor menos días de almacenamiento), con base en la flexibilidad y rapidez de la fábrica o proveedores, en los consumos históricos o en las previsiones de ventas?

- En cuanto a los procesos productivos y logísticos es necesario responder una nueva serie de interrogantes. ¿Los procesos productivos y logísticos, los productos y los *outputs* de estos procesos están alineados con la propuesta de valor de la compañía y las expectativas de la clientela? ¿La compañía contabiliza y asigna correctamente los costos de estos procesos? ¿Estos costos representan un riesgo para mantener la propuesta de valor de manera consistente? ¿La empresa entiende la complejidad que aportan los productos y las necesidades de los clientes, y cómo esto afecta a toda la cadena de suministro?

- Finalmente, en cuanto a la formación de los profesionales también hay ciertos aspectos que considerar. Por ejemplo, ¿los profesionales de la cadena de suministro tienen la capacitación adecuada?, ¿el plan de formación cubre todos los aspectos necesarios para llevar a cabo la estrategia de la compañía?

En definitiva, tener una idea clara de cuáles son los atributos que la cadena de suministro entrega a un nivel capaz de satisfacer o exceder las expectativas de la clientela y cuáles no, se traduce en calidad, rapidez, precio e innovación.

El hecho de que en las empresas no se tenga claro cuál es su modelo de cadena de suministro, cuál es su rendimiento, qué saben hacer bien, qué hacen mal, es más habitual de lo que parece. Quizá, sería más preciso decir que no son conscientes de que no conocen su cadena de suministro.

Si se hace un análisis riguroso, se puede identificar una brecha entre lo que puede hacer la cadena de suministro y lo que necesita la clientela. Siempre hay una brecha, pero su tamaño depende de la madurez de la compañía.

3.1.3 Paso 3. Cerrar la brecha y rediseñar la cadena de suministro

Como la brecha o la falta de alineamiento ya está identificada, el objetivo de este paso será cerrar esa brecha, diseñando una estrategia que supone un cambio de modelo de la cadena de suministro. Se trata de establecer si se necesita una transformación total o si, por el contrario, solo se deben realizar algunas acciones de menor calado.

Si en el análisis de los dos primeros pasos se evidenció que la cadena de suministro actual no entrega los atributos que el cliente reclama o al nivel que desea, la nueva estrategia de la cadena de suministro debe abogar por un cambio de modelo de cadena de suministro que permita entregar los atributos correctos. Esto puede significar un cambio en la red de distribución, reubicar, cerrar o abrir nuevos almacenes, invertir en maquinaría más automatizada o, por el contrario, más flexible, reorganizar los departamentos o implantar nuevos procesos que al mismo tiempo requerirán nueva formación. Por el contrario, si la brecha es pequeña, es posible que se pueda cerrar con algunos ajustes a lo largo de la cadena de suministro, como mejoras de eficiencia, cambios en los niveles de inventario o en su distribución en los almacenes existentes, substitución de algún proveedor o renegociar algún contrato, diseñar un nuevo paquete de indicadores para obtener información más precisa o establecer nuevas relaciones interdepartamentales, por citar algunos ejemplos de menor calado.

Lo que se busca es definir un nuevo modelo que entregue al cliente la propuesta de valor prometida por la compañía y que, además, lo haga de manera constante y sostenible. A partir de este paso se aplicará una mejora continua para asegurar que los cambios del mercado y los comportamientos de la clientela no abrirán una nueva brecha y, de esta manera, la compañía se acercará lo más posible a la excelencia.

3.1.4   Paso 4. Construir las capacidades y la implantación

El último paso es la implantación de la estrategia y por lo general es el punto en el que fallan la mayoría de las empresas, pues, habitualmente, no hacen lo que han acordado que se debe hacer.

En este punto, el compromiso y el atrevimiento son cruciales, al igual que ilusionar y conseguir la complicidad de toda la plantilla con la estrategia.

Si se ha realizado un trabajo concienzudo en los tres primeros pasos, se debe haber obtenido una visión de cómo debe ser la nueva (o simplemente ajustada) cadena de suministro, una hoja de ruta, un camino a seguir para llegar a la meta. La visión.

Las decisiones que se han tomado a lo largo de este proceso deben ayudar a identificar un concepto vital para el éxito de la estrategia: las contrapartidas.

Se debe diseñar la cadena de suministro para entregar algunos atributos de alto nivel a los clientes que lo necesitan. Como difícilmente habrá un modelo que entregue todos los atributos a nivel excelente, habrá otros que se entregarán a un nivel más bajo, por ejemplo, diseñar una cadena de suministro extremadamente flexible tiene un precio, el costo es la contrapartida.

La contrapartida debe ser identificada, entendida, comunicada, gestionada y aceptada por toda la compañía, solo así se podrá minimizar lo máximo posible. Si esto no se hace, se generarán tensiones y conflictos internos que acabarán dañando la organización y el servicio al cliente.

Este punto es delicado y es aquí donde los profesionales que gestionan la cadena de suministro necesitan realizar pedagogía. Como se ha comentado anteriormente, por lo general la alta dirección tiene unos conocimientos o antecedentes en las áreas de ventas, *marketing* o finanzas, pero pocas lo tienen en operaciones o en el manejo de la cadena de suministro. Por este motivo hay conceptos que le son difíciles de entender, especialmente cuando se espera que todo sea bueno, rápido y barato; por eso es importante que desde la gestión de la cadena de suministro se evidencien las contrapartidas.

Capítulo 4

Paso 1. Entender las expectativas de los clientes y la estrategia de la compañía

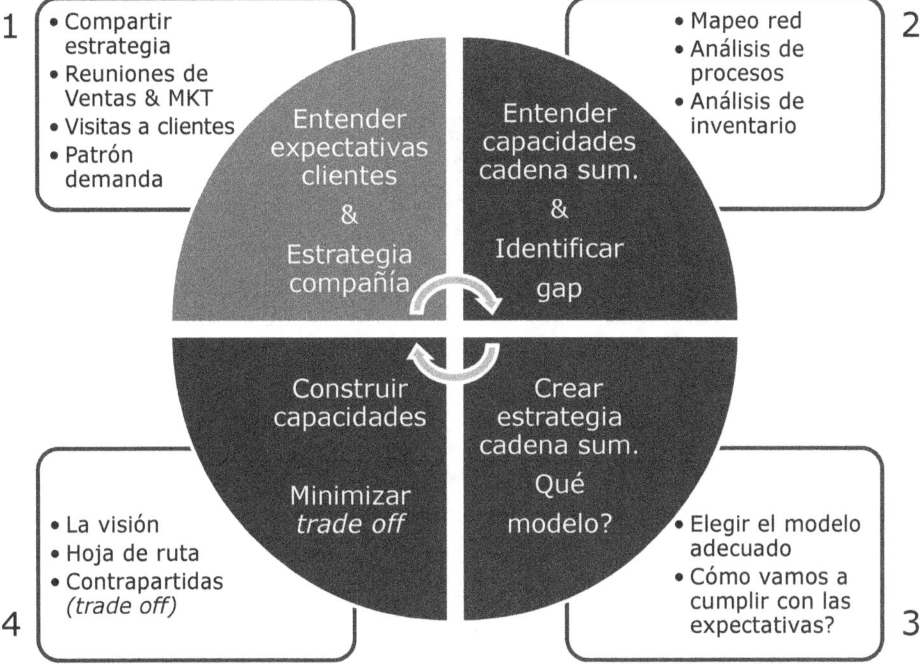

Figura 6. Primer paso del modelo para alinear estrategias en la cadena de suministro.

La figura 7 identifica lo que las personas que trabajan en operaciones y cadena de suministro necesitan conocer para diseñar una estrategia perfectamente alineada con la compañía y su actividad principal.

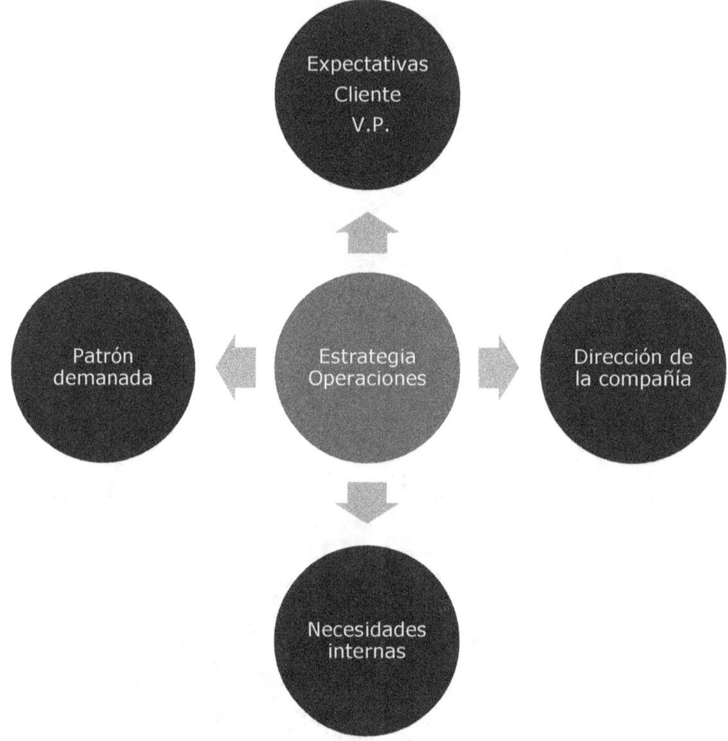

Figura 7. Información básica para construir la estrategia en la cadena de suministro.

4.1 Necesidades internas de la compañía

Este es un punto muy importante, aunque no siempre se toma en cuenta. La experiencia ha demostrado que después de la crisis económica que se desató en Europa en 2008, este inconveniente sigue afectando a numerosas empresas.

La crisis ha hecho que muchas compañías tengan una presión en la reducción de costos aun mayor que antes, lo que supone un problema para las cadenas de suministro, especialmente para aquellas que son percibidas como un centro de costo.

Lo que suele ocurrir en estos casos es que la compañía recorta inversiones y efectivos de la cadena, pero mantiene la exigencia, con el riesgo de que la propuesta de valor de la compañía entre en contradicción con una necesidad interna puntual, lo que tensiona y estresa sobremanera a los profesionales que trabajan en ella.

Si la propuesta de valor de la compañía son precios bajos, se puede pensar que la situación está alineada, pero hay una gran diferencia entre recortar recursos y una cadena de suministro eficiente, enfocada al costo. Lo que está claro es que si la propuesta de valor es, por ejemplo, diferenciarse a través de una calidad excepcional o por una entrega en 24 horas, va a ser complicado llevarla a cabo si se restan recursos.

Por lo tanto, antes de empezar se debe aclarar la situación interna y poner todas las cartas sobre la mesa. Esto quiere decir que todos los equipos en la compañía, especialmente la dirección, deben estar alineados y compartir una misma información, de manera que se puedan evitar malos entendidos y tensiones futuras.

Por ejemplo, si la compañía decide recortar costos con una visión cortoplacista, un ejercicio muy saludable es que toda la compañía consensue este impacto, teniendo en cuenta cómo van a afectar estos recortes en la estrategia y en la propuesta de valor, cómo se va a gestionar el nivel de exigencia interno durante ese periodo sobre otros atributos *a priori* opuestos al costo y cómo un cambio provisional en las reglas del juego va afectar a todos los departamentos y clientes.

Este contrato tácito no es impedimento para que los profesionales de la cadena de suministro intenten apoyar la situación, mejorando la eficiencia de sus procesos.

Si se tienen en cuenta todos estos aspectos y se discuten abiertamente, dichos profesionales podrán explicar este cambio, en principio temporal, a sus colaboradores. De esta manera no se compartirá información contradictoria y se evitará la desmotivación y la desconexión con la estrategia.

Es importante incluir el aspecto de necesidades internas en el paquete de información a analizar para detectar a tiempo las posibles contradicciones entre la estrategia de la compañía y las decisiones que se tomen, posteriormente influenciadas por dichas necesidades internas.

4.2   Expectativas de los clientes, propuesta de valor

Este punto representa un reto para los departamentos de operaciones y cadena de suministro, porque tradicionalmente se han manejado lejos del cliente y con un enfoque interno. Incluso, indicadores como el costo, los días de inventario, la eficiencia de los equipamientos, etc., no tienen mucho que ver con la clientela. Por lo tanto, acercarse a ella para conocer sus necesidades o cómo extraer esa información es toda una aventura.

Sin lugar a dudas, los departamentos de ventas y *marketing* son un paso intermedio para alcanzar este objetivo, pues conocen lo que la clientela espera de la compañía y son el canal principal de contacto con ella.

Por este motivo, es fundamental que las personas del departamento de ventas y las que gestionan la cadena de suministro trabajen juntas, compartan información y mantengan una estrecha relación. Algo que no siempre sucede, porque en muchas compañías se trabaja en silos cerrados y se gestionan objetivos que no los unen, por lo que no es raro que el departamento de ventas reclame más inventario para combatir la falta de servicio y el área de la cadena de suministro más información sobre lo que se va a vender, o mayor precisión en los presupuestos de ventas.

Una herramienta muy útil para impedir este distanciamiento y que para muchas compañías se ha convertido en la espina dorsal de su negocio es la planificación de ventas y operaciones o S&OP (siglas de *sales and operations planning),* que permite conciliar demanda y suministro.

El S&OP es un proceso de comunicación y toma de decisiones que permite:

- Equilibrar la demanda y el suministro.
- Fijar planes para volúmenes que llevarán el *mix* (código de producto o SKU, siglas de *stock-keeping unit)* a detalle .
- Integrar los planes financieros de desarrollo de productos y operaciones.

Hay que tener claro que el S&OP no es una reunión de planificación o para solucionar una crisis de suministro. Básicamente maneja cuatro fundamentos:

- Demanda.
- Suministro.
- Volumen.
- *Mix.*

La demanda y el suministro deben estar equilibrados, ya que el desequilibrio entre estos dos aspectos es causa de inconvenientes para la compañía.

Cuando el suministro excede la demanda, las consecuencias son:

- Exceso de inventario.
- Problemas de tesorería por exceso de inmovilizado.
- Incremento de costos.
- Acciones comerciales para reducir inventario que inevitablemente van a afectar negativamente los márgenes.

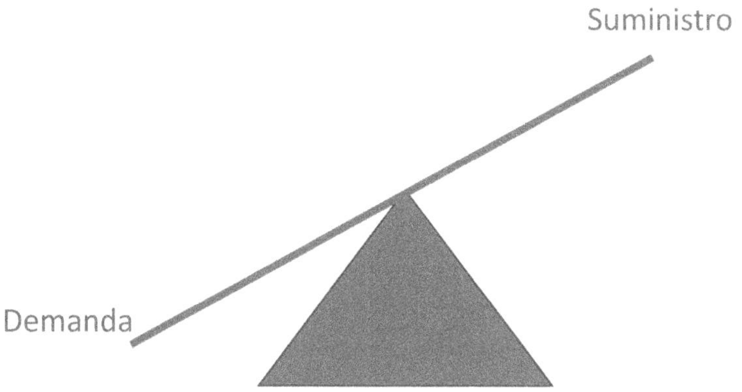

Figura 8. El suministro está por encima de la demanda

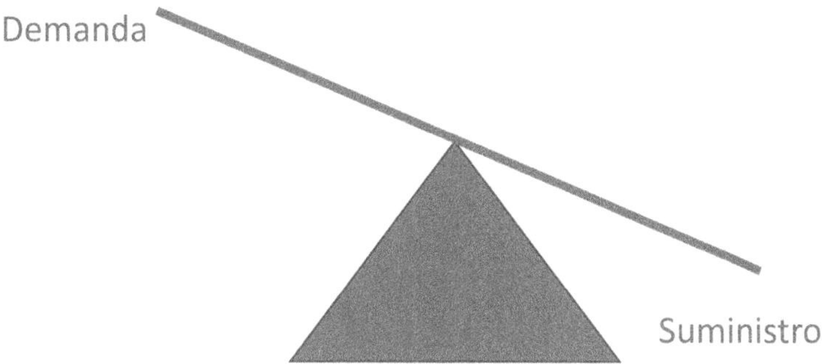

Figura 9. La demanda es mayor que la capacidad de suministro

Cuando la demanda excede el suministro, las consecuencias son:

- Problemas de servicio.
- Pérdida de ventas.
- Incremento de costos para compensar el pobre servicio, los transportes urgentes y las horas extras.
- Problemas de calidad al ir más rápido para servir al cliente.

Por otro lado, dedicar mucho esfuerzo al *mix* puede ser contraproducente. Una información del *mix* precisa es difícil de obtener, por lo tanto, se acostumbra a recopilar, como mucho, una vez al año, lo cual no es suficiente porque los volúmenes y la demanda varían durante ese tiempo.

Las empresas expertas en S&OP dedican más esfuerzo a los volúmenes y lo hacen más a menudo. Si se planifican bien los volúmenes, es mucho más fácil gestionar los problemas de *mix*.

Típicamente, los procesos S&OP los forman la cadena de suministro u operaciones, ventas, *marketing* y finanzas. Por lo general se trabaja sobre una agenda muy estructurada y la información, que debe ser totalmente transparente, se prepara con antelación para que las reuniones S&OP estén enfocadas a la toma de decisiones. Algunos temas que se acostumbran a incluir en las reuniones S&OP son:

- Estrategia de ventas.
- Ventas reales *versus* presupuestos de ventas (desviaciones).
- Ventas históricas y tendencias de ventas por productos.
- Previsiones de la demanda.
- Proyectos y grandes pedidos en fase de negociación.
- Promociones y ofertas.
- Estacionalidades.
- Niveles de existencias actuales.
- Capacidad de fabricación de los próximos meses.
- Lanzamientos de nuevos productos.
- Gestión del inventario de baja rotación o productos a descatalogar.
- Indicadores (KPI) acordados.

Algunos de los *outputs* o acuerdos de estas reuniones pueden ser:

- Cambiar o ajustar el plan de ventas para los próximos meses.
- Aumentar o reducir la capacidad de producción para los próximos meses.
- Aumentar o reducir las existencias de algunos productos.
- Anticipar compras de algunas materias primas.
- Acordar ofertas para reducir inventario con poca rotación.
- Revisar los presupuestos de la compañía y ajuste de costos de operaciones.

Este proceso, que no funciona si no hay compromiso de la dirección, también es una excelente herramienta para reforzar y mejorar la relación y cooperación entre los departamentos de ventas y operaciones. Todas las decisiones se toman en consenso, pues tanto los aciertos como los errores atañen a toda la compañía. ¿Qué puede unir más que eso?

Lo cierto es que las grandes empresas que utilizan el S&OP como eje central del negocio tienen un desarrollo del proceso mucho más extenso de lo comentado y, normalmente, está apoyado por un software específico que requiere de una inversión nada despreciable. Este es el motivo por el que muchas empresas de menor tamaño no se deciden a implantar el S&OP y mucho menos la planificación integrada del negocio o IBP *(integrated business planning,* considerado como la evolución del S&OP). En realidad no es absolutamente necesaria la implantación académica del S&OP, ya que las empresas más pequeñas pueden adaptar este proceso a sus necesidades y recursos. Lo verdaderamente importante es empezar para luego mejorar y completar el proceso.

Conocer las expectativas del cliente va más allá de saber qué van a comprar y, como se mencionó anteriormente, es algo que cuesta mucho a los profesionales de la cadena de suministro y operaciones, especialmente a las más tradicionales, porque unido al típico perfil técnico más introvertido y menos social, los profesionales de operaciones no salen a visitar clientes para hablar con ellos y escucharlos.

Es importante tener en cuenta que, por un lado se puede obtener información sobre las expectativas de la clientela al consultar a los departamentos de ventas y *marketing* de la compañía, los cuales normalmente consiguen parte de la información a través de las herramientas típicas, es decir, encuestas o cuestionarios de atención al cliente, análisis de las quejas o estudio de los proyectos o negocios que no se han conseguido. Por otro lado es muy común que el conjunto de clientes esté segmentado en una clasificación A-B-C. Los criterios de esta clasificación, los cuales aportan información muy valiosa a la cadena de suministro, pueden ser los siguientes:

- Por volumen de compra.
- Por rentabilidad del cliente.
- Por potencial de crecimiento.
- Por criterios geográficos.
- Por tipo de cliente (mayorista, distribuidor, minorista).
- Por sector económico al que pertenece el cliente.

Dependiendo de la compañía o sector se tienen en cuenta diferentes criterios, pero lo que es fundamental para la cadena de suministro es conocer esta clasificación y la razón por la cual cada cliente está en una u otra categoría, ya que la compañía utilizará estrategias e iniciativas diferentes para acercarse a los clientes A, B o C, y la cadena de suministro debe alinearse con estas iniciativas. Un ejemplo típico es que, ante la escasez de existencias, los clientes A tienen prioridad ante los clasificados como C.

Al margen de tener una relación fluida con el departamento de ventas, es saludable que los profesionales de la cadena de suministro visiten clientes. Por un lado, es bueno recibir de primera mano su opinión sobre cómo se realiza el trabajo, lo que representa una buena oportunidad para aprender, y, por otro lado, aunque la información que se recibe del departamento de ventas es valiosa, a veces puede estar sesgada por las percepciones personales, por lo que se puede completar con la voz del cliente, lo que es una buena oportunidad para salir de la zona de confort y saltar a la zona de aprendizaje.

Siempre en compañía de las personas que trabajan en el departamento de ventas, y si hay una buena relación con los clientes, se puede intentar extraer la información adecuada para entregarles mayor valor, trabajando sobre estos aspectos:

- Conocer sus objetivos, qué quieren conseguir en los próximos años, cómo puede ayudarles la empresa a alcanzar estas metas y, en consecuencia, entregarle un valor añadido.
- Cuáles son sus problemas y dificultades, qué es lo que no les funciona, cómo puede ayudarles la empresa a solucionar estos inconvenientes y entregarle un valor adicional.
- Por qué le compra a la competencia, qué está haciendo mejor la competencia, qué se puede hacer para mejorar ese punto.

Hay algo que solo las empresas de más éxito pueden hacer: crear necesidades a las personas, incluso incentivando deseos que todavía no saben que tienen, pero que una vez que han probado un producto o servicio, ya no puede vivir sin él, lo que coloca a la compañía en una posición de ventaja.

4.3 Patrón de la demanda, perfil del producto

Ya se ha dicho que el tipo de producto define el tipo de cadena de suministro que debe tener la empresa, así que en esta fase es recomendable realizar un análisis del perfil del producto y de la demanda.

Una buena herramienta para hacerlo son las matrices creadas por el Dr. Marshall L. Fisher, profesor de operaciones y manejo de información en la Universidad de Pensilvania, y por Hau Lee, profesor en la Escuela de Negocios de la Universidad de Standford, quienes, a través de sus matrices, definen que hay un tipo de cadena de suministro para cada patrón de demanda y perfil de producto, y que la mayoría de los problemas en las cadenas de suministro provienen de un mal encaje entre estos conceptos.

Fisher divide la demanda entre productos funcionales y productos innovadores. Las características de ambas categorías se observan en la tabla 2.

Los productos funcionales se acercan más a los *commodity*, es decir, a los productos estables y sólidos que satisfacen las necesidades básicas o estándares de la clientela. Como la demanda es predecible, conciliar la demanda y el suministro es relativamente fácil, se planifica a más largo plazo y los cronogramas rara vez cambian. Se trata de productos que pueden fabricar un amplio rango de empresas proveedoras y que, por lo tanto, acostumbran a tener márgenes ajustados, por lo que la optimización de los costos a lo largo de la cadena es fundamental.

Patrón de la demanada	
Productos funcionales	Productos innovadores
Baja incertidumbre en la demanda	Alta incertidumbre en la demanda
Demanda más predecible	Demanda difícil de pronosticar
Demanda estable	Demanda variable
Vida del producto larga, volúmenes similares todo el tiempo	Temporada de venta corta
Coste de inventario bajo	Coste de inventario alto
Márgenes bajos	Márgenes altos
Volúmenes altos	Volúmenes bajos
Bajo costo roturas de *stock*	Alto coste roturas de *stock*
Pocos obsoletos	Altos obsoletos
Poca variedad de producto	Alta variedad de producto

Fuente: Marshall L. Fisher.

Tabla 2. **Matriz de patrón de la demanda.**

Por el contrario, los productos calificados como innovadores son más exclusivos. La incertidumbre de la demanda incrementa el riesgo de roturas de inventario o de falta de respuesta al cliente, por lo que la estrategia de inventarios no se da tanto por el costo de los mismos, sino por la capacidad de responder a esa incertidumbre de la demanda, razón por la que se requiere mucha flexibilidad con unos costos más elevados y se acostumbra a tener unos márgenes comerciales más altos. Por ejemplo, las empresas proveedoras se escogen por su capacidad de respuesta, no por sus bajos precios.

Fisher indica que para cada una de estas categorías existen dos tipos de cadenas de suministro:

- **Productos funcionales que requieren cadenas de suministro eficientes.**
  Las características principales de este modelo son:
  - Alta ocupación de las máquinas y el transporte.
  - Inventarios centralizados.
  - Alta rotación de inventarios y minimización del costo de inventario.
  - Mejor plazo de entrega sin aumentar costos.
  - Economías de escala.
  - Se enfocan en eliminar actividades que no añaden valor.
  - Diseño de productos enfocado a maximizar el rendimiento y minimizar el costo.
  - Elección de empresas proveedoras por costo, cumpliendo los requisitos de calidad.

- **Productos innovadores que requieren cadenas de suministro de respuesta rápida, que responden rápidamente a los cambios e incertidumbres del mercado.**
  Las características principales de este modelo son:
  - Mantienen capacidad sobrante u ociosa para responder rápidamente.
  - Mantienen el inventario necesario de partes y producto acabado para cubrir la incertidumbre de la demanda, se enfocan en evitar roturas de inventario.
  - El plazo de entrega es el más corto posible, lo que se valora por encima del costo.
  - La personalización del producto se hace lo más tarde posible en el proceso.
  - Los procesos son lo más flexibles posible.
  - Seleccionan a sus empresas proveedoras sobre la base de su capacidad y velocidad de respuesta y no debido al precio más bajo.

Los ejemplos de Walmart y Zara comentados anteriormente pueden ilustrar esta clasificación de Fisher. Walmart comercializa productos que pueden encajar en la clasificación funcional más *commodity* de uso diario, repetitivos, enfocados en precios bajos; además dedica sus esfuerzos a que su cadena de suministro sea lo más eficiente posible, minimizando las existencias o utilizando un sistema de reexpedición, moviendo los productos de camión a camión sin pasar por el almacén.

Por su parte, Zara se centra en la innovación de los productos, creando colecciones nuevas muy seguidas, con un ciclo de vida muy corto de sus prendas, por lo que ha diseñado su cadena de suministro para responder en un corto espacio de tiempo. Se presta mucha atención a la coordinación de todos los eslabones de la cadena de suministro, la inversión en tecnologías de la información es muy grande, la información acerca del consumo en cada tienda alrededor del mundo llega al momento a los almacenes para que se puedan preparar los nuevos pedidos con base en esos movimientos. Muchas prendas se envían semiacabadas a las instalaciones de España y allí se acaban de personalizar o rematar de acuerdo con las necesidades de cada tienda. A pesar de que el transporte aéreo es el más caro de los modos de transporte, es de uso común en Zara, de lo contrario no podrían reponer los productos dos veces por semana en las tiendas ubicadas en países lejanos, pues es en España donde se centralizan prácticamente todos los envíos.

El caso de Southwest Airlines, mencionado en el capítulo dos, es otro buen ejemplo. Viajar en avión se podría considerar un producto/servicio dentro de la categoría de funcionales que Southwest Airlines gestiona con una organización de operaciones eficiente, completamente enfocada a minimizar los costos, muy en línea con la propuesta de valor de bajo costo de la compañía.

Otro ejemplo que puede encajar en el tipo de cadena de suministro de respuesta rápida es DELL, la empresa norteamericana, fabricante de computadoras personales. En este caso, muchas de las partes de las computadoras están subcontratadas, pero DELL las ensambla y personaliza en sus propias plantas, que están ubicadas cerca de sus clientes, asegurando de esta manera una rápida respuesta.

Lo cierto es que esta clasificación no es blanco o negro, y se pueden encontrar muchos productos que cumplen ambos criterios, automóviles, teléfonos inteligentes, etc., por lo que es muy probable que las compañías pasen de funcionales a innovadores sin darse cuenta y, poco a poco, caigan en una situación que Fisher identifica como desajuste, es decir productos innovadores gestionados por una cadena de suministro eficiente, con las correspondientes tensiones en la cadena de suministro; por ejemplo, roturas de stock, retrasos o costos extra.

Para salir de esta incongruencia existen dos caminos: o los productos se convierten en funcionales o la cadena se transforma para dar una respuesta rápida. La toma de esta decisión dependerá de si el producto es lo suficientemente innovador como para generar un beneficio adicional que cubra el costo de transformar (y mantener) la cadena de suministro a una de respuesta rápida.

Como cada vez más las empresas pueden diferenciar sus productos entre funcionales e innovadores, se deberían diseñar dos tipos de cadena de suministro, ya que un solo modelo puede no servir para todo. En el capítulo 9, de casos prácticos, se explica uno muy representativo de esta opción, el de la empresa de neumáticos Michelin.

El profesor Hau Lee completa la matriz de Fisher con el concepto de incertidumbre del suministro y también lo divide en dos partes:

Lee define los **procesos estables** como tecnológicamente maduros, con empresas proveedoras y procesos fiables, diversas posibilidades de fuentes de suministro, pocos problemas de calidad, escasos cambios de procesos, pocas limitaciones de capacidad y un plazo de entrega estable.

Los **procesos en evolución** los define como métodos con cambios y transformaciones rápidas en su tecnología. Cuentan con empresas proveedoras no muy fiables, máquinas con más averías de lo habitual o procesos poco confiables con volúmenes variables; son poco flexibles, sus cambios de proceso son largos y tiene restricciones de capacidad.

		Incertidumbre de la demanda	
		Baja (productos funcionales)	Alta (productos innovadores)
Incertidumbre suministro	Baja (Proceso estable)	Cadena de suministro eficiente	Cadena de suministro respuesta rápida
	Alta (Proceso en evolución)	Cadena de suministro minimización de riesgos	Cadena de suministro ágil

Fuente: Hau Lee.

Figura 10. **Matriz de incertidumbre de la demanda.**

Ejemplo real

Entre los principales productos de una compañía están las pinturas para barcos.

Dentro de este mercado, la empresa fabrica pinturas para grandes buques, petroleros, cargueros, y también yates y megayates que son propiedad de algunas de las personas más ricas del mundo. Este no es un dato gratuito, pues el estatus social de los clientes influye en lo que van a demandar de sus proveedores. El análisis de las expectativas de este mercado evidenció estos datos:

- Buques: Precio competitivo y entregas entre 24 y 48 horas.
- Megayates: Personalización, alta calidad y servicio.

En ambos casos se trata de barcos y en ambos se compra pintura, pero las expectativas de ambos clientes son muy distintas. El problema es que estas expectativas tan diferentes y opuestas son gestionadas a través de la misma cadena de suministro.

Ya se ha dicho en páginas anteriores que una misma cadena de suministro no puede entregar todos los atributos al máximo nivel, hacerlo provoca una complejidad innecesaria a la cadena de suministro, en lugar de forzar y tensionar la cadena, lo que se debe hacer es segmentar la cadena de suministro y organizarla de forma que cada segmento pueda ofrecer los atributos concretos que demandan los clientes.

Siguiendo con el ejemplo real, se evidenció que se manejaban diferentes mercados y, por lo tanto, clientes con distintas necesidades, pero todas tratadas con la misma cadena de suministro. En este caso en particular, el modelo de cadena de suministro se asemejaba a un modelo de minimización de riesgos, lo que apoyaba uno de los atributos requeridos por ambos mercados: garantizar el suministro rápido; pero no apoyaba uno de los atributos importantes de uno de los mercados: precios competitivos. Los costos necesarios para garantizar el servicio, penalizaban los casos en los que se necesitaba un precio bajo para conseguir el pedido frente a los competidores.

Después de analizar las expectativas de los clientes se realizó el análisis del patrón de la demanda usando la matriz de la tabla 2. No fue una sorpresa descubrir que había tantos productos funcionales como innovadores, lo que reforzaba la idea de que se debía buscar una forma de segmentar la cadena de suministro.

Para completar los posibles modelos de cadena de suministro, agrega dos más:

- Cadenas de suministro ágiles.
- Cadenas de suministro de minimización de riesgos (en el suministro).

Las cadenas de suministro de minimización de riesgos están diseñadas para garantizar que el suministro no se interrumpa. Para esto cuentan con múltiples o varias fuentes de suministro que aseguran de que si una fuente falla, otra pueda responder. Las diferentes fuentes comparten inventario, por lo que la comunicación, visibilidad y coordinación entre todos es muy elevada.

Como se puede observar en la figura 10, el modelo de minimización de riesgos encajaría en un tipo de producto funcional y proceso en evolución.

Las cadenas de suministro ágiles tratan de responder a los cambios de mercado buscando un balance entre la flexibilidad y el costo. La figura 10 vincula esta cadena con productos innovadores y procesos en evolución.

A través de sus matrices, Fisher y Lee permiten evaluar si el modelo de cadena de suministro es adecuado al tipo de producto y su patrón de demanda. Se debe recordar que la no alineación entre productos funcionales-innovadores, las cadenas de suministro eficientes-de respuesta rápida y la estabilidad de sus procesos genera tensiones en la cadena de suministro.

4.4 Dirección de la compañía, hacia dónde va, dónde se enfoca

Este apartado aborda la información necesaria para diseñar una estrategia de operaciones alineada, que es fácil de obtener pues la información la tiene la compañía y es la que decide qué dirección tomar.

Si la compañía ha definido su plan estratégico, se conocerán detalles como:

- Cuál es su público objetivo. Esto se refiere tanto a la clientela existente como a la potencialmente nueva, lo que permitirá a la cadena de suministro iniciar acciones encaminadas a conocer sus necesidades concretas, tal como se ha descrito anteriormente. La segmentación de la clientela de la compañía o la clasificación ABC, comentada anteriormente, también aportará esta información

- Qué mercados, segmentos o áreas geográficas se quieren abordar. Es importante comprobar si la actual red logística llega hasta el sitio en el tiempo requerido por la clientela y la distribución ideal del inventario entre la red de almacenes.

- En qué productos se debe centrar la promoción. Es lógico pensar que hay productos que se venderán más, por lo que se le prestará mayor atención a su inventario. También se debe conocer si se prevé realizar lanzamientos de nuevos productos para, de esta manera, analizar si los procesos existentes son los más adecuados para estos artículos o si, por el contrario, es necesario ajustarlos o rediseñarlos.

- La estrategia del surtido o catálogo de productos. Este punto permitirá diseñar la estrategia de inventario, que podrían ser varias: contra existencias y su correspondiente *stock* de seguridad, contra pedido y sus cantidades mínimas de pedido y plazo de entrega, o contra ensamblaje, existencias semielaboradas que se acaban o personalizan en el almacén o fábrica, así como las capacidades del almacén o almacenes. Igualmente se podrá valorar el nivel de complejidad que representa ese catálogo para la cadena de suministro.

- Con qué atributos se pretende conseguir los pedidos. Cuál es la propuesta de valor que permitirá comprobar si la cadena de suministro puede entregar esos atributos al nivel requerido por el cliente.

- Cuál es el presupuesto de ventas, márgenes y beneficios previstos, lo que permitirá calcular la capacidad necesaria a lo largo de toda la cadena de suministro y el costo para generar esa capacidad, que tendrá un impacto en la cuenta de resultados. Si la capacidad actual o futura genera costos que no ayudan a la compañía a alcanzar los márgenes y beneficios planeados, lo mejor es saberlo cuanto antes para identificar oportunidades de eficiencia o, en su defecto, ajustar el presupuesto.

Es aquí donde la compañía abandona el cortoplacismo y se enfoca en donde quiere estar en un periodo más largo, que puede abarcar entre tres y cinco años, ya que planear a un plazo mayor es poco realista debido a la velocidad con que cambian los mercados y las necesidades de la clientela.

La información del plan estratégico de la compañía debe proporcionar una información valiosa a la cadena de suministro, que permita planificar y alinear la cadena de suministro durante ese periodo de tiempo.

Capítulo 5

Paso 2. Entender las capacidades de la cadena de suministro e identificar la brecha con los clientes

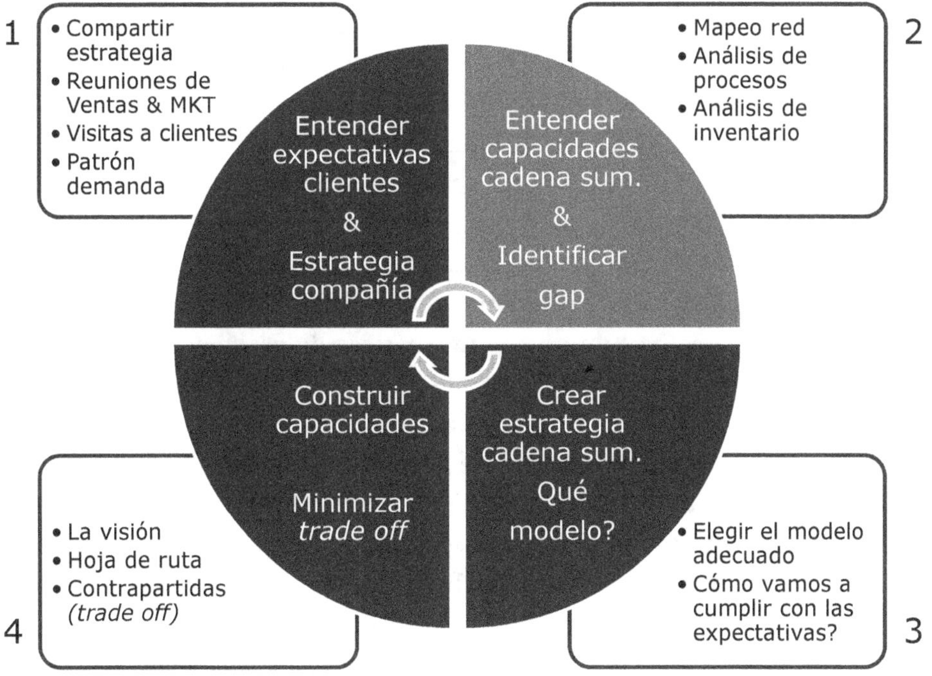

Figura 11. Modelo para alinear estrategias, paso 2.

Todo lo que se analizó en el paso 1 permite obtener una amplia visión de lo que la cadena de suministro debe gestionar, las necesidades del cliente, el tipo de producto, el patrón de la demanda, la estrategia y las necesidades de la compañía. Ahora se debe evaluar la cadena de suministro para identificar en qué punto está la empresa y cuán alineada está con la información recopilada.

Este paso también requiere de un análisis extenso, pues es necesario conocer bien a la compañía y sus debilidades y fortalezas a lo largo de toda la cadena de suministro. De nuevo, cuanto más preciso sea el análisis y la información recogida, mejores decisiones se podrán tomar.

El objetivo es identificar la brecha entre lo que la empresa ha prometido y las expectativas de la clientela, con lo que la cadena de suministro puede ofrecer.

Para saber a dónde ir, antes se debe conocer el punto de partida. Hay algunas herramientas que se pueden utilizar para desgranar la cadena de suministro y ubicar el punto de inicio.

5.1 Mapear la red

Del paso 1 se obtuvo información sobre el plazo de entrega que requiere el cliente, además del costo relacionado con el cumplimiento de este plazo.

Ahora es momento de plantearse algunas preguntas: ¿la empresa cuenta con las fábricas y los almacenes en el lugar adecuado?, ¿el producto le llega a la clientela en el tiempo prometido?, ¿los almacenes tienen el surtido adecuado en cada zona, en referencias y cantidades?, ¿los costos están optimizados?, ¿hay suficiente información sobre los costos que debe asumir la empresa?

Existen numerosas herramientas informáticas de *geomarketing,* de diferentes niveles de complejidad, que ayudan a visualizar estas cuestiones. Para ello mapean el área objeto de análisis, mostrando la posición geográfica de todos los clientes, los almacenes y fábricas o los centros de distribución de los transportistas. Se trata de un proceso que requiere tiempo y recursos, ya que la herramienta no se alimenta solo con las localizaciones de la clientela, fábricas, almacenes y centros de distribución, sino también con la ubicación del sitio a donde se ha enviado cada producto y sus cantidades, costos de transporte y de almacén, plazos de entrega, tiempos de tránsito y demás parámetros que la empresa considera útiles para el análisis. No en vano el primer paso del análisis de la red es clarificar los datos que se necesitan y el formato ideal para obtener la información deseada y objetiva.

La herramienta también calcula el centro de gravedad en el que se deben ubicar los puntos de distribución para servir a los de destino en el plazo estipulado.

Esto permite calcular un costo logístico, tanto de almacén como de transporte. Es importante conocer cuánto cuesta cumplir lo que se le promete; es decir, lo que se ha denominado como contrapartidas: a mayor nivel de servicio, mayor costo.

De este análisis se pueden extraer algunas conclusiones:

- ¿Se puede cumplir con el nivel de servicio prometido?
- ¿Qué se debe hacer si no se alcanza ese nivel?
- ¿Cuánto le cuesta a la empresa alcanzar el nivel prometido?
- Enviar el 100 % de los pedidos a tiempo tiene un costo, ¿qué ocurre si se envía el 95 %? De entrada, tendría menos costos, pero ¿lo notará la clientela?, ¿variará su percepción acerca del nivel de servicio? No todos los negocios requieren el 100 % de cumplimiento constante.
- El análisis permite jugar con diferentes escenarios y buscar el equilibrio deseado entre servicio y costos.
- El análisis también permite identificar a la clientela que tenga alguna falta de servicio, ya que cada escenario muestra la distancia entre el punto de destino y el de distribución, tanto actual como simulado.

En el mapeo geográfico de la clientela, es importante identificar el nivel en que se encuentra (A-B-C). Si no se han pactado diferentes niveles de servicio para cada categoría, es posible que durante el año, ya sea por falta de producto,

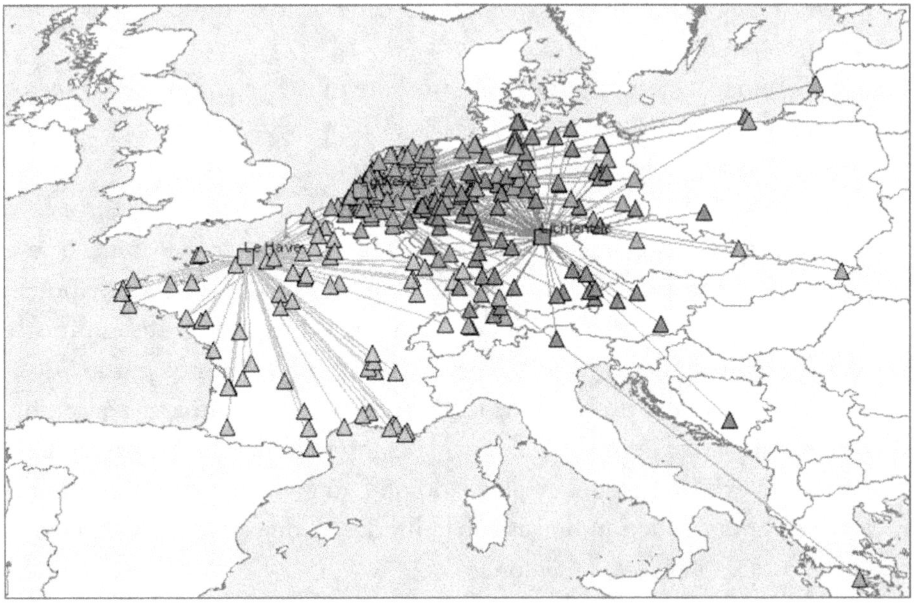

Figura 12. Ejemplo de mapeo de la red de distribución.

cuellos de botella u otros factores, no se pueda mantener el nivel de servicio y se incurra en costos adicionales para mantenerlo. Si se trata de clientes de categoría A, se pueden justificar los costos adicionales, pero no sucede lo mismo si se trata de otros de categoría C.

Tanto si se han pactado distintos niveles de servicio como si se pretende dar el mismo servicio a todos, es importante identificar su clasificación, ya que existe la posibilidad de que el análisis del centro de gravedad sugiera abrir un almacén en una zona específica debido a la concentración de clientes, y exista la casualidad de que pocos de ellos sean de categoría A.

Otro factor que se acostumbra a incluir en estos estudios es la red de carreteras. El análisis del centro de gravedad podría sugerir abrir un almacén en una localidad alejada de cualquier nudo importante de carreteras o autopistas, lo que sin duda incurriría en costos de transporte innecesarios y tiempos de tránsito más largos.

Finalmente, otras variables para decidir la ubicación de los almacenes son:

- El costo del terreno o los precios del alquiler de las instalaciones.
- El acceso de personal cualificado.
- Los impuestos de actividad en la localidad en cuestión o el acceso a ayudas o subvenciones.
- La disponibilidad de instalaciones adecuadas.
- La cercanía de compañías proveedoras necesarias, consumibles, telefonía, informática, energía, agua, etc.
- La proximidad a aeropuertos o puertos, siempre y cuando este aspecto sea importante para la compañía.
- Las regulaciones industriales o clasificaciones urbanísticas.

Si se tiene previsto abrir nuevos mercados, una vez conocidos los nuevos planes de la compañía, es interesante simular un escenario en el que aparezca la potencial nueva clientela y comprobar, a través de este mapeo, si la cadena de suministro es capaz de llegar a estos nuevos lugares en el tiempo y con los costos prometidos. En el capítulo 1 se mostraba un ejemplo real, en el que, si se hubiera realizado este análisis de forma proactiva, una vez conocida la intención de la compañía de servir a un mercado nuevo, se hubiera evidenciado que no era capaz de servir a la nueva clientela en 24 horas, evitando quejas generalizadas, el deterioro de la imagen de la empresa y considerables costos adicionales.

El análisis de la red de distribución, sumado a todo lo analizado en el paso 1, permitirá evaluar si el *set up* logístico actual es el adecuado, identificar la brecha y decidir si es necesario subcontratar el servicio logístico o si se puede gestionar con recursos propios, si se opta por pocos centros de distribución o por múltiples almacenes locales. A continuación se numeran algunos argumentos para tomar estas decisiones:

a) **Almacenes gestionados por el personal de la compañía *versus* la subcontratación de este servicio en operadores logísticos**

   Normalmente, los factores que influyen en una decisión u otra son varios, pero, por lo general, se acostumbra a subcontratar cuando:

   - Se pretende optimizar costos, ya que los costos fijos se pueden convertir en variables y se adaptan de acuerdo con el volumen que se suministra al operador logístico. De esta manera se gana flexibilidad en los costos.
   - La operativa logística no es parte diferenciadora de la compañía ni un proceso clave, por lo que puede centrar sus esfuerzos en sus procesos clave.
   - La necesidad de suministro a través de esa instalación en concreto, no se mantendrá a largo plazo.
   - La compañía necesita una red amplia de almacenes, por lo que se puede aprovechar la infraestructura de los grandes operadores logísticos, en lugar de crear una propia, y así evitar el esfuerzo que eso representa en todos los niveles.
   - Se pretende aprovechar las innovaciones en el campo logístico que desarrollan los operadores a los que la compañía generalmente no tiene acceso, debido a que no es especialista.

   Se acostumbra a optar por almacenes propios cuando:

   - Se requiere un alto nivel de propiedad, compromiso o calidad en la operativa logística, pues externalizar la logística, si esta es un proceso clave de la compañía, deja parte de la reputación de la empresa en manos de un tercero.
   - La compañía tiene la experiencia suficiente para brindar mayor valor a la organización y a su clientela a través de sus procesos logísticos, comparado con el valor que puedan otorgar los potenciales proveedores logísticos.
   - La reducción de costos o el nivel de servicio y calidad deseado no puede ser provisto si se externaliza la operativa logística.

- La empresa no tiene recursos dedicados a la comunicación, alineación, intercambio de información y control de las operaciones del operador logístico.
- La compañía no tiene capacidad ni recursos para diseñar un contrato beneficioso con el operador logístico. Uno de los retos de un contrato de externalización logístico es capturar todos los posibles costos ocultos que, de no ser contemplados, representan un costo considerable e inesperado para la compañía.

La matriz de decisión de Kate Vitasek complementa los argumentos que se han explicado anteriormente.

La decisión de externalizar la operativa logística no es fácil. Muchas empresas suelen tener dudas antes de tomar la decisión y acaban basándose en lo que otros han hecho o dejándose guiar por los operadores logísticos que prometen resultados muy atractivos o influenciando la decisión con comentarios como: «tu competidor ya lo ha hecho».

Al margen de lo comentado anteriormente y de la tabla mostrada en la figura 13, la realidad es que la decisión debe estar alineada con la estrategia de la compañía y asegurar que el valor entregado a la clientela es el que se espera.

Valor potencial para la organización	Alto	Enfoque a externalización por *partnership*	Actividad clave. No externalizar
	Bajo	Externalización por transacción, enfoque a costo	Basar decisión en consideraciones financieras
		Bajo	Alto
		Experiencia operativa	

Fuente: Kate Vitasek, 2010.

Figura. 13. **Matriz de decisión para externalización de la operativa logística.**

b) Existencias centralizadas en un solo almacén *versus* red de almacenes locales

Se opta por un solo almacén central cuando:

- El costo es más importante que el servicio. Aunque mantener un solo almacén reduce los costos, se puede incrementar el precio de transporte al tener rutas más largas o si los envíos se realizan a través de grupaje, en lugar de camión completo.
- Se puede llegar a la mayoría de los clientes en el tiempo estipulado desde un solo almacén.
- El costo de inventario y la necesidad de dinero en caja es importante para la compañía.

Se opta por varios almacenes cuando:

- El servicio es más importante que los costos. Hay ocasiones en que el plazo de entrega requerido es muy corto, por lo que, si no se puede llegar a tiempo desde un solo almacén, es necesario abrir almacenes o centros de *cross-docking* cerca de la clientela. Por el contrario, los costos de reposición de existencias a los almacenes puede ser mayor, a pesar de que existe la posibilidad de enviar camiones completos.
- Hay una necesidad de minimizar el costo de transporte a los clientes finales (última milla) ante la imposibilidad de utilizar la economía de escala en estos envíos.

Cuando se ha decidido la red de distribución ideal, se puede iniciar un proceso de licitación de transporte *(tender,* por su denominación en inglés). El cierre de la brecha en la red de distribución generará nuevas rutas de transporte, lo que constituye una gran oportunidad para optimizar los costos de transporte, un ejercicio muy saludable que se debe realizar cada cierto tiempo.

5.2 Análisis de inventario

Definir la estrategia de inventario es uno de los aspectos más importantes en una compañía. Las cadenas de suministro más tradicionales normalmente se encuentran en medio de una eterna discusión, pues los departamentos de ventas reclaman más inventario para no perder ventas por falta de existencias, mientras que los departamentos de finanzas reclaman menos inventario para liberar los productos que están inmovilizados y poder disponer de dinero en caja. Cuando las cadenas de suministro tienen un buen servicio, se les presiona con la oportunidad de reducir inventario, pero cuando tienen niveles de existencias bajos reciben las quejas del departamento de ventas porque el servicio entregado no es suficiente. Por esta razón, encontrar el balance entre inventario y servicio es uno de los retos más difíciles de la cadena de suministro.

Estas eternas discusiones entre los departamentos de ventas, finanzas y la cadena de suministro evidencian una falta de alineación en la compañía y una organización que trabaja en silos y con indicadores (KPI) opuestos.

La nueva cadena de suministro se debe enfocar en la clientela y en la preocupación por alinearse con el resto de la compañía para entregar el valor prometido a los consumidores. Si la empresa es capaz de alinearse de esta manera, las decisiones sobre el inventario son más fáciles de tomar y las tensiones internas entre departamentos se minimizan considerablemente.

La idea en este capítulo no es simplificar la dificultad que conlleva la toma de decisiones sobre el inventario. Ya se ha mencionado que este es uno de los mayores retos de la cadena de suministro, pero la decisión está influenciada por dos factores: el nivel de servicio esperado por la clientela y la capacidad de respuesta de la fábrica o las empresas proveedoras.

Si el enfoque principal de la compañía es un alto nivel de servicio en las entregas, el nivel de inventario dependerá de la capacidad de respuesta de la fábrica o de las empresas proveedoras, en el caso de que la empresa solo comercialice y no produzca sus artículos. Si la fábrica o los proveedores tienen un nivel de respuesta limitado, el inventario deberá compensar esa situación, de manera que se garantice el servicio.

Si por el contrario, el enfoque de la compañía está en mantener el menor inventario posible, el nivel de servicio puede quedar penalizado si la respuesta de la fábrica o de las empresas proveedoras no es muy rápida.

La creciente volatilidad de los mercados es el factor distorsionador que afecta a los tres aspectos mostrados en la figura 14. En un estudio de Supply Chain Insights, que se muestra en la figura 15, se observa que la volatilidad en los precios de las principales materias primas *(commodities)* se ha incrementado desde la última crisis financiera y no se espera que a corto-mediano plazo se repita el comportamiento del periodo anterior. No solamente se aprecia un aumento de precio desde 2008, también se observan unas fluctuaciones muy marcadas que no se daban en los diez años anteriores y que se traducen en variabilidad de la demanda en general debi-

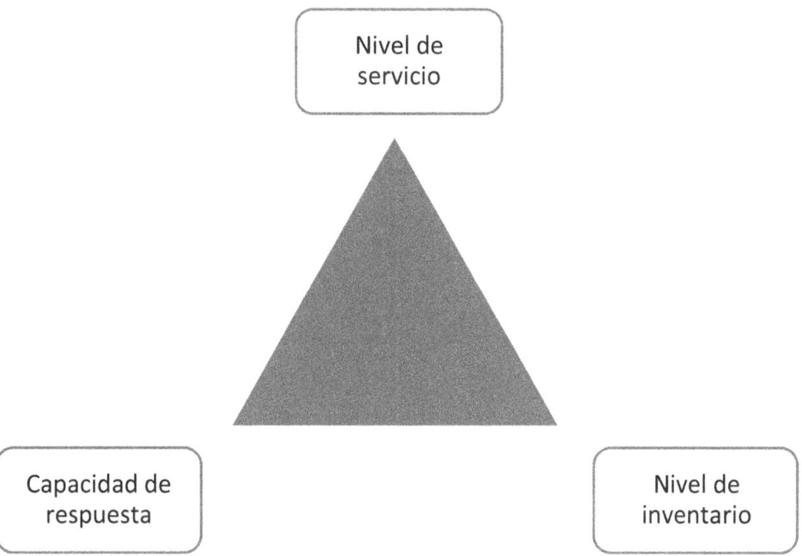

Figura. 14. Relación entre nivel de servicio, inventario y respuesta en el suministro.

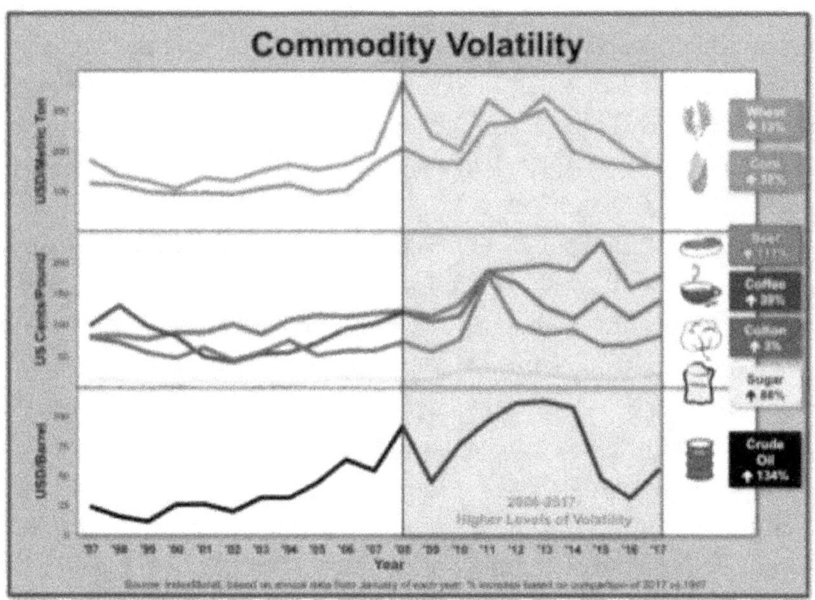

Fuente: Supply Chain Insights-IndexMundi.

Figura. 15. Volatilidad de las materias primas en el periodo 2008-2017.

do a compras especulativas o al temor a romper *stocks,* haciendo aún mucho más importante la relación entre la respuesta de las fabricas-proveedores y el nivel del inventario.

Parece evidente que las reglas del juego cambiaron después de la última crisis financiera: el actual escenario ha dejado de ser estable y la volatilidad se ha instalado en los mercados. Esta característica, sumada al cambio de comportamiento de las personas, que cada vez demandan más rapidez, está haciendo que las cadenas de suministro más tradicionales y que se enfocan al costo, sufran. De hecho, manejar esta volatilidad es un gran reto, incluso para las cadenas de suministro más ágiles, lo que hace que los niveles de inventario sean aún más cruciales para asegurar el servicio.

Este efecto se evidencia en el mismo estudio de Supply Chain Insights, en el que también se analizan, en el mismo periodo, los niveles de existencias de trece industrias, mostrando un 8 % de incremento en sus días de inventario, con algunos aumentos significativos, como la industria química, con un 17 % o la industria de las bebidas, con un 15 %.

La evaluación de la cadena de suministro que se plantea en el paso 2 del modelo es crucial, ya que permite identificar desajustes importantes entre los tres factores mostrados en la figura 14: servicio, respuesta de la fábrica y nivel de inventario.

El ejemplo más común se evidencia cuando las compañías, desde el desconocimiento de las capacidades de su propia cadena de suministro, demandan reducciones de inventario cuando se ha logrado satisfacer el nivel de servicio al cliente, pero sin tener en cuenta la capacidad de respuesta de suministro, de la fábrica o de las empresas proveedoras. Si los gestores o líderes de la cadena de suministro no son capaces de detectar este desajuste y de explicar a la dirección acerca de la situación, vivirán en un constante conflicto.

Por lo general, la principal no alineación se da entre la cadena de suministro y el departamento de ventas. Si no hay información del mercado, la cadena de suministro solo puede dimensionar el inventario con datos de consumo históricos, lo que hoy en día es insuficiente en la mayoría de los casos. Ya se ha comentado anteriormente que el S&OP es muy eficaz a la hora de cerrar esta brecha entre los departamentos de ventas y la cadena de suministro y, por lo tanto, para obtener un inventario mucho más saludable.

Otro estudio de Supply Chain Insights LLC (Cecere L., *Research in review,* 2014) evidencia que el 68 % de las compañías encuestadas reconocían una falta de alineación entre la parte comercial y la de operaciones. Por otro lado, las organizaciones que habían alcanzado el balance entre ambos departamentos reportaban incrementos del 11 % en la rotación de sus inventarios.

A través de sus estudios e investigaciones, Lora Cecere, CEO de Supply Chain Insights, explica que la estrategia de inventario ha cambiado, ya que se ha pasado de una estrategia de inventario impulsada por el suministro *(supply-driven)* a una estrategia impulsada por el mercado *(market-driven)*. En el pasado, con un nivel de complejidad de mercado mucho menor que el actual y con una demanda mucho más predecible, las cadenas de suministro solo tenían que preocuparse por fijar los *stocks* de seguridad de materias primas y productos terminados, con base en datos históricos.

Sin embargo, en la actualidad hay un escenario cambiante e impredecible, por lo que también se debe poner atención en otras formas de inventario, como el de tránsito o el de proceso, es decir, los distintos *buffer* que se disponen a lo largo de toda la cadena de suministro.

El tamaño de la cola *(tail)* de productos que maneja la cadena de suministro, como la latencia de la demanda, entendida como el tiempo que pasa entre la compra por parte del consumidor final, hasta que se traduce en una necesidad de reposición en todos los niveles de la cadena de suministro, se muestran como cruciales para

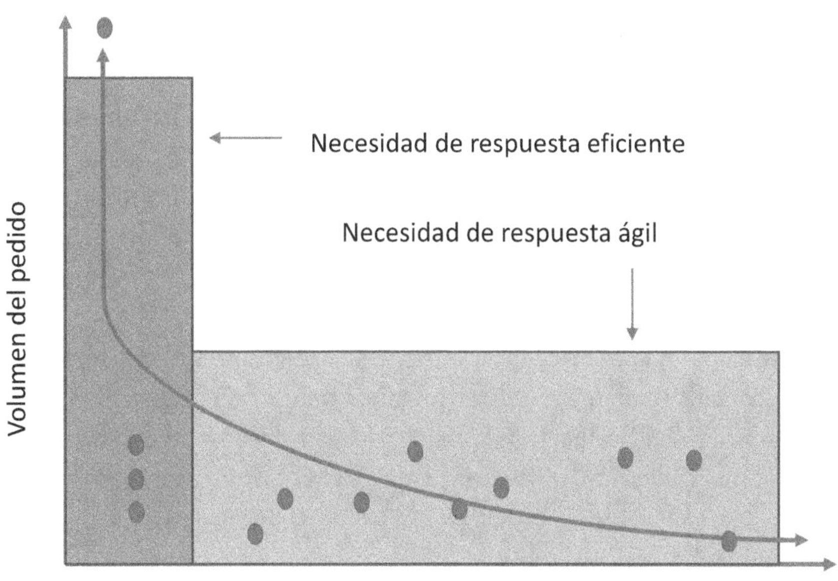

Fuente: Lora Cecere, 2015.

Figura 16. Cola de la cadena de suministro.

definir la estrategia de inventario, debido que, a más cola en la cadena de suministro y más latencia de la demanda, más necesidad de inventario para satisfacer a la clientela.

En la figura 16 se observa una herramienta que se puede utilizar durante el segundo paso del modelo de alineación de estrategias que se presenta en este libro. La siguiente evaluación ayuda a definir la estrategia de inventario impulsada por el mercado.

Al trazar los artículos por volumen y frecuencia de pedido se puede construir la cola de la cadena de suministro. En la figura 16, la zona pintada con color verde claro representa los productos con menor volumen y con un patrón de demanda más difícil de predecir, por lo que requieren una estrategia de inventario distinta a la tradicional, de manera que se puedan cubrir las necesidades de producto con demanda impredecible. Si el modelo de cadena de suministro no es ágil, posiblemente se necesitará un nivel de inventario más alto. Por el contrario, la zona pintada con color verde oscuro representa los productos que tienen una demanda más estable, por lo que se puede realizar una planificación más genérica del inventario y maximizar la eficiencia.

Para optimizar los niveles de existencias de seguridad que se tienen para combatir la incertidumbre en la demanda, la compañía se debe enfocar en las otras formas de inventario mencionadas anteriormente, como el *postponement,* el diseño de *buffer stocks* en distintos puntos de la cadena de suministro o, si se dispone de una red más extensa de suministro (diversos almacenes o fábricas), se pueden compartir los inventarios según las necesidades. También existen otros factores organizativos que pueden apoyar en la reducción de los *stocks* de seguridad:

- La compañía es capaz de afinar o incluso segmentar la planificación de la cadena de suministro, utilizando sistemas de planificación de la demanda (véase el apartado 5.7, «Evaluación de las técnicas de previsión de la demanda»).
- Una buena alineación transversal entre todos los departamentos de la compañía.
- Un proceso S&OP.

Asimismo, en esta parte del proceso se pueden evaluar algunos factores que influyen en el aumento de inventario. Es importante que los factores que se enumeran a continuación sean monitorizados de manera periódica, ya que no son aspectos invariables:

- Lanzamientos de nuevos productos.

  Si la empresa no tiene un proceso bien definido y multidepartamental para los lanzamientos de nuevos productos y si no ha dimensionado bien el lanzamiento, es probable que incurra en inventarios de poca rotación, sobre todo en el caso en que las ventas de los nuevos productos no se hayan comportado como se esperaba.
- Incremento de la latencia de la demanda.

  Se refiere a la falta de visibilidad en el mercado.
- Tiempo que se tarda en procesar una orden *(lead time)* a lo largo de la cadena de suministro.

  Mientras más largo es el proceso, mayor es la necesidad de inventario.
- Términos y condiciones de transporte y proveedores.

  Los cambios en los contratos o políticas con proveedores pueden hacer variar los tiempos de entrega, tamaño de lotes, etc., impactando en el inventario.
- La longitud de la cadena de suministro (número de eslabones).

  Mientras exista un mayor número de eslabones, más largo será el *lead time.*
- Actividades que confunden y desvirtúan la precisión de la demanda.

  Las ofertas y promociones generan que la demanda de un producto sea ficticia y más imprevisible, afectando el nivel de inventario.
- Variabilidad de la cadena de suministro.

  Mientras haya mayor variabilidad, habrá más necesidad de inventario.

Finalmente, el análisis de la cola, la capacidad de respuesta de suministro (fábrica y empresas proveedoras), la clasificación de clientes ABC, sus correspondientes niveles de servicio acordados y los costos de almacenaje, obsolescencia y roturas de *stock*, son aspectos que se deben tener en cuenta al momento de decidir qué productos se utilizarán para fabricar contra *stock*, para fabricar bajo pedido o para inventario semifabricado, con el fin de convertirlo en producto acabado una vez recibido el pedido del cliente *(postponement)*.

Por lo general, si después de analizar el paso 1 del modelo que se presenta en este libro, el tipo de cadena de suministro que necesita la compañía es flexible y ágil, se tenderá a un equilibrio entre producto almacenado y un sistema de *postponement* en el que el inventario semifabricado se pueda acabar o personalizar rápidamente, dependiendo de lo que la clientela necesite, buscando un balance entre el servicio y los costos de inventario.

Si lo que se necesita es una cadena de suministro de respuesta rápida que permita asegurar las entregas a tiempo, se optará por fabricar productos para almacenar, cerca de la clientela, priorizando de esta manera el servicio sobre el costo.

Si, por el contrario, la empresa necesita un modelo de cadena de suministro eficiente, se optará por minimizar el inventario, priorizando, siempre que sea posible, la fabricación bajo pedido o en combinación con inventario semifabricado.

Obviamente no todo es blanco o negro, por lo que las compañías siempre combinan dos o tres posibilidades, pero enfocadas en las opciones que apoyen su modelo de cadena de suministro, de manera que sea eficiente, ágil o de respuesta rápida.

En los casos en los que se decide mantener inventario, tanto de materias primas, como de producto semifabricado o acabado, la dimensión del mismo deberá basarse en algo. Lo ideal es tener un método adecuado de previsión de la demanda, sumado a la información del mercado, que combine el análisis de los consumos históricos con los movimientos del mercado (véase el apartado 5.7, «Evaluación de las técnicas de previsión de la demanda»).

Tradicionalmente, uno de los objetivos más comunes de las cadenas de suministro ha sido reducir los días de inventario, pero hoy en día, con un mercado incierto, una complejidad creciente y una demanda volátil, ya no es tan importante reducir las existencias, como lo es tener un inventario saludable, es decir, acertar en tener productos que se van a vender en cada periodo y atacar los artículos con poca rotación. En este contexto, es necesario preguntarse si se tienen las referencias correctas en el lugar adecuado, pues no todos los productos se venden por igual en todas las zonas y no toda la clientela compra los mismos productos.

Mantener un inventario que no se vende genera costos adicionales y faltas de servicio, pero no es raro encontrar esta situación en muchos almacenes.

Este análisis requiere conocer las ventas históricas de los productos por cliente, así como lo que se va a vender en el futuro.

Los datos históricos ya no son suficientes para asegurar el servicio y el inventario adecuado, las necesidades de la clientela cambian cada vez más rápido, bien porque las personas cambian o porque la competencia las hace cambiar.

Guiarse solo por datos históricos es el principal generador de productos obsoletos y de inventario con poca rotación. El S&OP es de gran ayuda para conseguir un inventario saludable.

En la figura 17 se observa la salud de un inventario, clasificado por días y de menos a más. La zona roja muestra los productos con poca rotación. Si se hace este análisis en todos los almacenes, se podrá ver rápidamente si la empresa mantiene productos que no se venden. No es raro encontrar almacenes saturados con problemas de espacio, pero que no tienen disponibilidad de productos demandados por la clientela. Una solución es hacer una limpieza de los artículos de baja rotación (en rojo) a través de campañas, ofertas, recuperaciones en otros productos de más

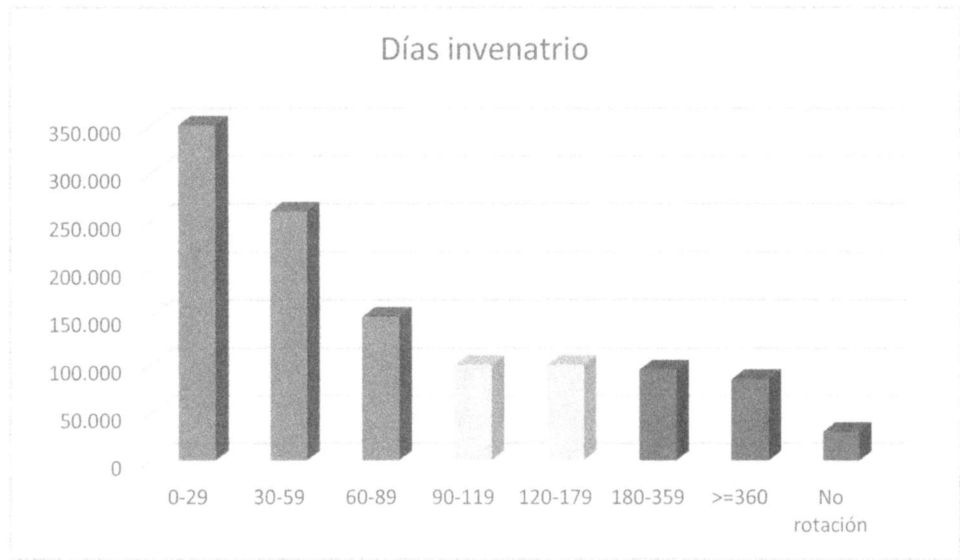

Figura 17. Clasificación del inventario por días.

rotación (cuando la naturaleza del producto lo permita), etc., con el objetivo de dar salida a esos productos y generar espacio para productos que sí se venden (en verde), es decir, optimizar el inventario y mantenerlo saludable.

5.3   Análisis de la organización del almacén

Si después de evaluar la dimensión de la red de distribución de la empresa, la cantidad de almacenes, su tamaño, su ubicación y su estrategia de inventario, la compañía decide operar con almacenes propios en lugar de subcontratarlos, se debe valorar si los procesos dentro del almacén son adecuados, según la información recabada en el paso 1. Dependiendo de la necesidad de un enfoque a costos, rapidez, calidad o flexibilidad, los procesos y la tecnología empleada pueden variar.

Con un buen conocimiento de los productos y sus patrones de venta se puede utilizar la clasificación ABC para ubicarlos en el lugar más adecuado para reducir los desplazamientos en las operaciones de ubicación y preparación de pedidos. Los productos con más rotación (A) se colocan cerca de la zona de preparación y expedición, mientras que los productos con menos rotación (C) se ubican más lejos de estas zonas.

Es importante tener en cuenta que este no debe ser un sistema fijo, ya que la clasificación de los productos puede variar dependiendo de los cambios de la demanda, los lanzamientos de nuevos productos, etc. También es necesario reevaluar cada cierto tiempo las ubicaciones asignadas (en el caso de que no se utilice un sistema caótico), lo que puede provocar cambios que, de ser necesarios, deben realizarse de forma rápida y sencilla para no perjudicar las operaciones diarias durante tiempos prolongados.

Como se ha mencionado, las necesidades del mercado y la naturaleza de los productos determinarán los sistemas de trabajo empleados en el almacén, dependiendo de la complejidad que la empresa haya decidido abrazar para satisfacer a su clientela. De esta manera, un solo sistema no cubrirá todas las necesidades, por lo que se tendrán que utilizar diferentes combinaciones de una mezcla de cuatro factores: la tecnología empleada, la distribución del almacén, el equipamiento a utilizar y los procesos de trabajo.

5.3.1 Tecnología

- **Sistemas de preparación de pedidos por voz**
  La persona utiliza auriculares por medio de los cuales escucha la información que envía el sistema de gestión del almacén, detallando los datos acerca del producto que se debe preparar y su ubicación. Algunas ventajas de este sistema son: reducción del uso de papel y mejora de la precisión del trabajo, de la productividad, de la movilidad de la persona y de su seguridad al tener las manos libres.

Fuente: Dipolerfid.

Figura 18. Elementos básicos de la preparación de pedidos por voz

- **Sistemas de preparación de pedidos por luz**

  Las estanterías o ubicaciones están equipadas con indicadores de luz led y, por lo general, este sistema se usa en combinación con la preparación de pedidos por zonas.

  Cuando una persona escanea el código de barras del pedido, el sistema envía una señal a la zona donde esta persona debe recoger los productos. Esta ubicación se ilumina, indicando el punto en el que debe recoger el producto (en algunos casos, una pantalla indica la cantidad de artículos que se deben tomar). Después de tomar los productos, la persona debe apagar la señal luminosa.

  Existen varias opciones y combinaciones que facilitan el trabajo con esta herramienta; por ejemplo, se puede asignar un color por persona, por producto o por zona. De esta manera se mejora la precisión de la preparación de pedidos y su productividad; además, la formación que requiere una persona para manejar este sistema es sencilla y no ofrece problemas con plantillas multiculturales que puedan tener inconvenientes para interpretar el pedido en un idioma en concreto.

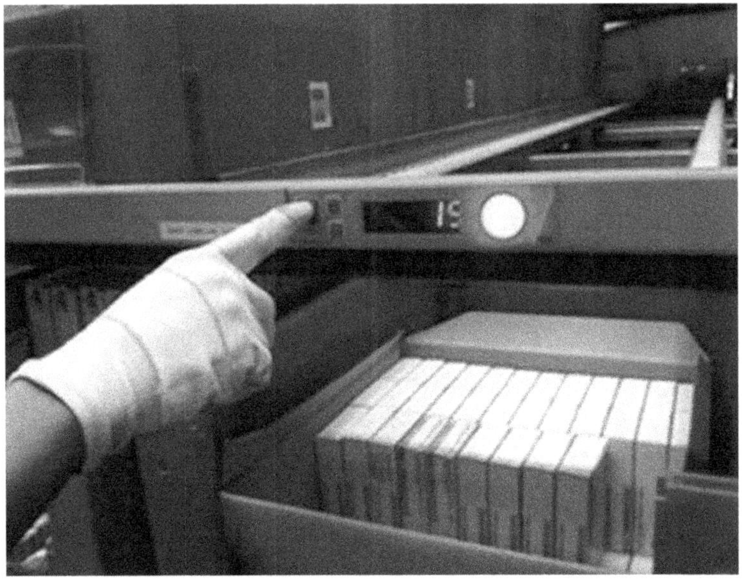

Fuente: Mecalux.

Figura 19. Ejemplo de preparación de pedidos por luz en un almacén.

- **Identificación por radio frecuencia (RFID)**

  Este sistema permite la lectura de todos los artículos que entran o salen del almacén, a través de una radio frecuencia. Para esto, el almacén está equipado con varios lectores que permiten examinar las etiquetas específicas que deben llevar todas las cajas o bultos. Estas etiquetas contienen información diversa como: nombre del artículo, referencia, cantidad, caducidad, etc.

  La ventaja de este sistema con respecto al lector de código de barras es que el RFID puede leer varios artículos a la vez, mientras el escáner de código de barras solo puede leer uno a la vez.

  Con el RFID la información se almacena en el sistema de forma rápida y precisa, eliminado gran parte de los trabajos administrativos y sus transacciones.

  Se debe tener en cuenta que este sistema requiere de una red de radiofrecuencia en el almacén.

- **Sistema de gestión del almacén (SGA)**

  Se trata de los sistemas informáticos que ayudan a gestionar el almacén, también conocidos por las siglas WMS *(warehouse management system)*. Actualmente es inconcebible que para ciertos tamaños de almacén no se use algún SGA, pues se trata de sistemas que pueden operar por separado o en conjunción con el ERP (sistema de planificación de recursos empresariales) de la compañía, y que además manejan la información y organizan el almacén en tiempo real. Así, el sistema indica el punto en el que se encuentran los productos o en qué ubicación vacía se deben reponer, hace control del *stock* por referencias, identifica la mejor ruta de preparación de pedidos para optimizar desplazamientos o garantizar el correcto FIFO (primero en entrar, primero en salir, o *first in / first out*, en su denominación en inglés) para evitar productos obsoletos, lo que lleva a beneficios como: mejora de la productividad, reducción de papel, trazabilidad y visibilidad de las existencias en tiempo real, reposiciones automáticas de producto y mejora de la capacidad de respuesta en las operaciones.

  Existen muchos SGA y la elección no siempre es fácil. Para escoger el adecuado, es necesario entender las necesidades de la compañía, sus requisitos, su estrategia y pensar no solo en la necesidad actual, sino también en las futuras; esta información se puede obtener a través de la estrategia de la compañía.

5.3.2 Distribución y layout

La distribución del almacén está dada por varios factores: la clasificación ABC de los productos a almacenar, la naturaleza de los mismos, el sistema de preparación de pedidos elegido o el uso de un sistema de reexpedición. Todo ello determinará el tamaño de la zona de playa del almacén, o el sistema de almacenaje elegido con pasillos estrechos para carretillas trilaterales o anchos para carretillas tradicionales.

Otro aspecto a tener en cuenta es si el almacén debe realizar trabajos de valor añadido, como ensamblajes, preparación en embalajes especiales, configuraciones, preparaciones de paquetes, etc., ya que estos trabajos requieren de cierto espacio que, además, debe estar ubicado en zonas libres de paso de carretillas para garantizar la seguridad del personal.

5.3.3 Equipos de manipulación y almacenaje

La elección del equipo de almacenaje depende de los productos a almacenar y de la configuración de la cadena de suministro, ya que puede estar enfocada al costo o a la respuesta. En cualquier caso, se debe minimizar la manipulación de los productos, ya que esto aumenta los costos, pero no el valor.

Existen diferentes configuraciones: almacenaje en suelo, estanterías móviles, estanterías por gravedad, carruseles, cintas transportadoras, estanterías configurables para ubicaciones de diversas alturas, estantería que permite tener dos palés o tarimas

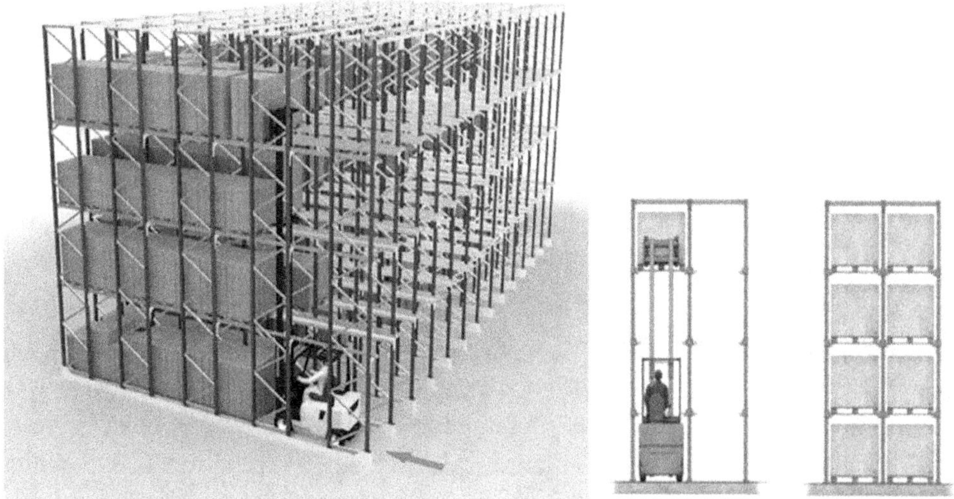

Fuente: China-shelving.

Figura 20. Ejemplo de estantería en pasillo estrecho.

en la misma ubicación, y estanterías de pasillo estrecho para maximizar la capacidad de almacenaje en menos espacio.

La configuración de las estanterías elegidas condicionará la elección de los equipos de manipulación (véase la tabla 3).

5.3.4 Procesos de trabajo y preparación de pedidos

* **La persona busca el producto**

En este caso, a la persona le llega un pedido que debe preparar, por lo que se desplaza hasta la ubicación para recoger el artículo en cuestión. Puede preparar pedido a pedido, o puede hacerlo con varios pedidos a la vez *(cluster picking* en su denominación en inglés), utilizando carros con varios compartimentos en los que deposita los distintos productos y pedidos. Por lo general, este método se utiliza cuando se deben preparar piezas de múltiples referencias y de tamaño pequeño.

De esta manera, la persona sigue una ruta establecida por la orden de pedido en papel o diseñada por el SGA del que se habló anteriormente.

Este proceso es más intensivo en mano de obra y en los casos en que no se dispone de la tecnología de apoyo mencionada, por lo que frecuentemente se requiere de un doble chequeo que permita asegurar que no se han generado errores en la elección de productos o cantidades durante el proceso de preparación del pedido.

Otra metodología a utilizar, dependiendo de las necesidades de la compañía, es que la persona sigue desplazándose a buscar los productos, pero obteniendo solo un tipo de producto para varios pedidos *(batch picking)*. De esta manera, solo se desplaza a una zona del almacén donde se ubica el producto en cuestión y luego acude a una zona de consolidación de pedidos, donde reparte los artículos entre los distintos pedidos.

Otros almacenes requieren utilizar la preparación de pedidos por zona. En este sistema, cada persona es asignada a una ubicación concreta, donde realiza sus labores. Como un pedido puede requerir productos de varias zonas, una persona realiza la preparación de pedidos de su ubicación y al acabar se desplaza hasta la siguiente zona para pasar el pedido a otra persona (esta labor es más eficiente si se realiza a través de cintas transportadoras). Dependiendo del grado de informatización, el SGA puede ser de gran ayuda, pues un pedido que requiere productos de diferentes zonas puede ser preparado de forma simultánea, ya que el SGA lanza diferentes órdenes de preparación del mismo pedido para diferentes ubicaciones y posteriormente lo reúne en la zona de consolidación de pedidos. Este sistema se adapta a almacenes con un amplio catálogo de referencias y muchos pedidos con un número limitado de líneas por pedido. En este sistema también se pueden adoptar los sistemas de preparación de pedidos por voz o luz, o lectores de código de barras y RFID.

La ventaja sobre la preparación pedido a pedido que se utiliza en muchos almacenes es que con este método se pueden preparar varias líneas del mismo pedido a la vez.

Finalmente, algunas operaciones utilizan un método que consiste en combinar la preparación de pedidos en distintas fases o franjas horarias *(wave picking)* basadas en las horas de salida de camiones, ciclos de reposición de productos, cambio de turnos u otras necesidades.

- **El producto va hacia la persona**
  Por lo general, este sistema se usa en una configuración de almacén donde las personas no tienen acceso a las estanterías, debido a que son del tipo de pasillo estrecho. En este caso, los equipos automatizados extraen el palé de su ubicación y, a través de cintas transportadoras, lo llevan a la zona de preparación de pedidos.

  En los almacenes más innovadores, este sistema se sustituye por vehículos de guiado automático o AGV *(automated guided vehicle)*. Se trata de vehículos autoguiados, capaces de remontar pequeñas estanterías movibles que almacenan artículos de tamaño reducido, y llevarlas a la zona de preparación de pedidos, donde los operarios obtienen los productos requeridos. Posteriormente, el AGV devuelve la estantería a su ubicación.

  En medio de estos dos sistemas se encuentran los robots u otros equipos automatizados que obtienen los artículos de las ubicaciones y lo depositan en cubetas de plástico que se trasladan a través de cintas transportadoras hasta que llegan a la zona de preparación. Estas cubetas también pueden ser transportadas por los AGV.

  El uso de estos sistemas requiere menos mano de obra, eliminando los desplazamientos de las personas, mejorando la ergonomía y seguridad de los mismos. Además reduce la posibilidad de error a la hora de obtener el producto de la ubicación, ya que elimina el factor humano de esta operación. En términos generales, este sistema ayuda a mejorar la eficiencia y rapidez de

Preparación de pedidos (picking)	Pedidos	Equipos de manipulación
• Operario va al producto • Producto va al operario • Automatizado • Robots	• *Picking* por pedido • *Picking* con varios pedidos a la vez • *Picking* por lotes de producto • *Picking* por zonas • *Picking* por fases • Sistema picking compacto • Sistema de distribución de pedidos	• Transpaleta manual • Carretillas eléctricas • Carretilla trilateral • Carretillas elevadoras retráctiles • Preparadoras de pedidos • Transpaleta autopropulsada • Apiladores • Tractores de arrastre • Cintas transportadoras

Método de almacenaje	Operaciones de preparación de pedidos	Informática
• En suelo • Estanterías convencionales • Estanterías pasillo estrecho • Estanterías flujo por gravedad • Estanterías móviles • Carruseles • Estanterías para pequeñas cubetas o similares	• Listados de *picking* • *Picking* por etiquetas • *Picking* por voz • Picking por luz • Escaneado código de barras • Radio frecuencia	• WMS (*software* de gestión) • Escaneado código de barras • RFID (radio frecuencia)

Fuente: Warehouse management. Gwynne Richards. Editorial Kogan Page.

Tabla 3. Estrategias de preparación de pedidos y métodos en almacén.

las operaciones de preparación de pedidos, pero requiere una alta inversión, por lo que el almacén debe manejar un alto volumen de pedidos.

En la tabla 3 se muestran diferentes estrategias de preparación de pedidos, equipos y métodos que se pueden utilizar o combinar con base en las necesidades captadas en el paso 1.

A modo de resumen, la tabla 4 compara los diferentes métodos y sistemas mencionados, indicando sus principales beneficios y desventajas. Es ideal para evaluar la eficacia del sistema actual y compararlo con la necesidad detectada en el paso 1 del modelo.

Método de preparación de pedidos	Aplicaciones habituales	Beneficios	Desventajas
Preparación de pedidos individual	En la mayoría de las operaciones	– Simple – Flexible – Fácil implementación – Capacidad para aislar pedidos urgentes – Operario capaz de decidir la ruta de preparación de pedidos – Puede utilizar sistemas manuales o automatizados	– Menor eficiencia – Intensivo en mano de obra – Puede generar cuellos de botella
Cluster Picking	En la mayoría de las operaciones	– Preparación de múltiples pedidos a la vez – Reducción de desplazamientos – Reducción del tiempo de preparación de pedidos	– Más tiempo para formar a los operarios – La fiabilidad de la preparación de pedidos puede ser menor – Pedidos urgentes no se pueden separar o adelantar fácilmente – Requiere equipos extra, carros con compartimentos múltiples para depositar diferentes artículos – Requiere WMS para combinar pedidos – Puede provocar algún cuello de botella – Puede requerir un segundo paso para consolidar pedidos
Batch picking por línea	Comercio electrónico Comercio minorista	– Preparación de múltiples pedidos a la vez – Mejora la fiabilidad – Efectivo para operaciones con muchos pedidos de muy pocas líneas – Reducción de desplazamientos	– Pedidos urgentes no se pueden separar fácilmente – Necesidad de retornar al stock artículos que no se han utilizado – Requiere zonas de clasificación de pedidos con personal adicional – Requieren reembalajes

Continúa

Continuación

Método de preparación de pedidos	Aplicaciones habituales	Beneficios	Desventajas
Preparación de pedidos por zonas	Operaciones con gran número de referencias (SKU) y pocos artículos por línea de pedido	- Reducción de desplazamientos - Los pedidos se pueden preparar simultáneamente - Se pueden agrupar por familias: como los peligrosos, necesidad de control de temperatura	- Generalmente requiere cintas transportadoras - Costo de los equipos - Normalmente se combina con tecnología (ejemplo: preparación de pedidos por luz) - Se pueden generar tiempos muertos si el trabajo no está bien balanceado
Wave picking	Se necesita programar los pedidos de acuerdo con la salida de los camiones	- Capacidad para programar los trabajos de forma eficiente - No espera de producto en zona playa, menos espacio requerido	- Pedidos urgentes no se pueden separar fácilmente - Requiere WMS, para gestionar la asignación de productos
Producto va al operario	Operaciones con alto nivel de preparación de pedidos	- Eficiencia alta - Alta fiabilidad - No hay desplazamientos de personas - Alta capacidad de almacenaje - Seguridad para producto y personas - Se requiere menos formación	- Alto costo en equipamiento - Costo de energía - Si el sistema falla, se para el proceso - Requieren unidades de almacenaje estándares - Limitado a artículos pequeños

Fuente: Warehouse management. Gwynne Richards. Editorial Kogan Page.

Tabla 4. Comparación de las estrategias de preparación de pedidos.

5.4 Productos *versus* procesos productivos

Los mercados y las necesidades de las personas cambian a mayor velocidad que las organizaciones, las cadenas de suministro y los procesos. La complejidad, la volatilidad y la incertidumbre tanto en el mercado como en el suministro van en aumento, por lo que no es de extrañar que muchas compañías que hace solo algunos años tenían procesos bien definidos de acuerdo con sus productos y con el *output* esperado por la clientela, hoy no cuentan con los procesos más adecuados porque no se han actualizado a la velocidad que el mercado requiere.

Esto sucede, principalmente, porque las empresas lanzan nuevos productos con nuevas características, aumentando su catálogo de productos y la complejidad, con el objetivo de satisfacer las nuevas necesidades, pero a menudo se olvidan de actualizar sus procesos.

Se puede decir que para cada tipo de producto y su flujo hay un proceso. John Miltenburg, profesor en la Universidad McMaster (Canadá), en su libro *Estrategia de fabricación* desarrolla la matriz PV-LF (productos y volúmenes / *layout* y flujo de materiales). Esta matriz, que se observa en la figura 21, puede ayudar a relacionar las características del producto fabricado con un proceso concreto y, a su vez, los atributos que entrega esa combinación, lo que resulta muy útil para evaluar la alineación, ya que a estas alturas se conocen los atributos demandados por el cliente.

En esta matriz se describen las características de los procesos y los *outputs*. Básicamente diferencia entre seis *outputs*:

- Plazo de entrega y fiabilidad de cumplimiento que ofrece el proceso.
- Costos de fabricación directos e indirectos asociados a ese proceso.
- Calidad del producto fabricado de conformidad con la especificación.
- Rendimiento del producto, entendido como las características del producto que lo diferencian de otros; es decir, características únicas.
- Flexibilidad entendida como la habilidad de aumentar o reducir los volúmenes de producción para artículos existentes o la capacidad de aumentar la mezcla de modelos a fabricar para responder con rapidez a las necesidades y cambios de demanda de la clientela.
- Innovación, que se entiende como la capacidad de introducir nuevos productos rápidamente, adaptar los procesos a los nuevos productos o realizar rápidamente cambios de diseño de los artículos ya existentes.

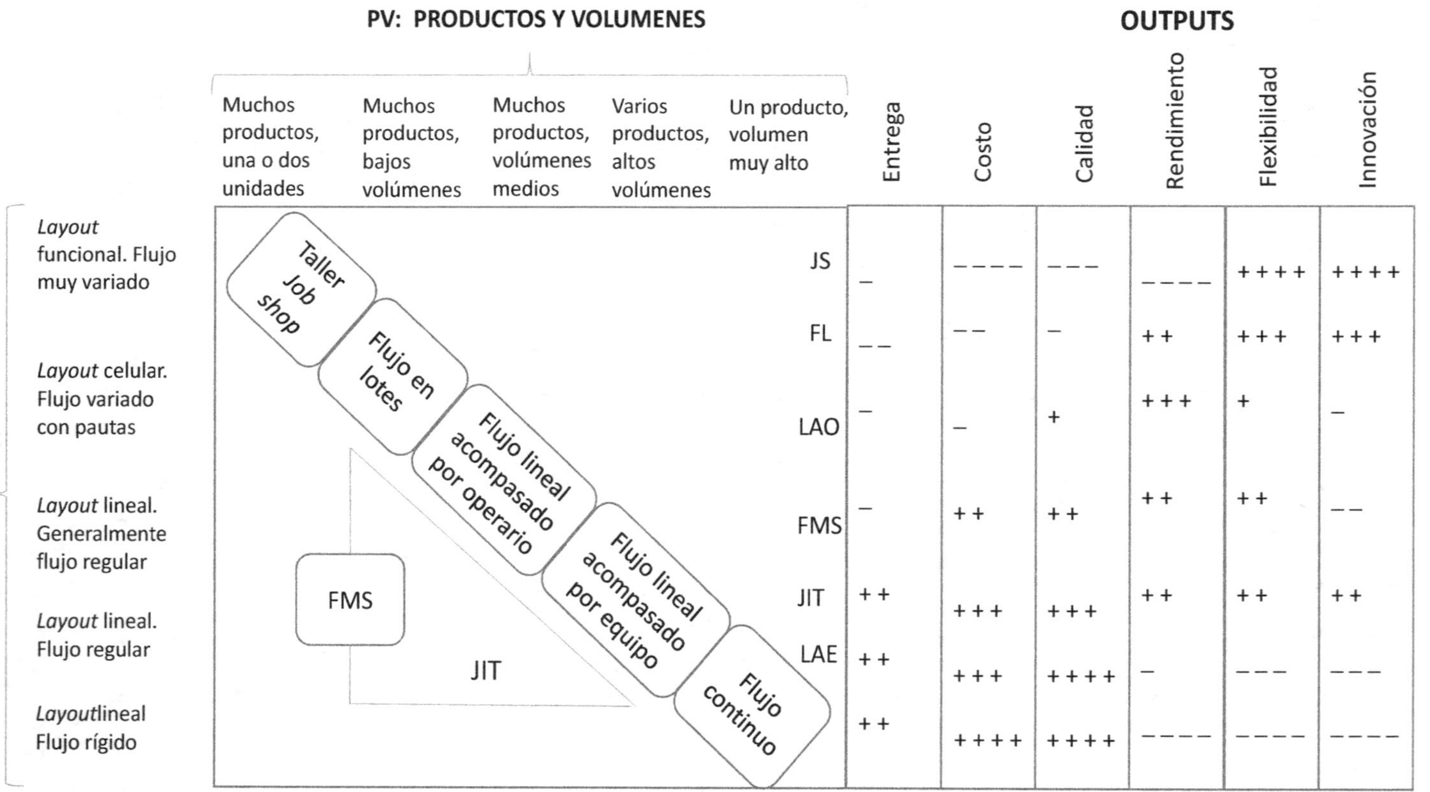

	Entrega	Costo	Calidad	Rendimiento	Flexibilidad	Innovación
JS	−	− − − −	− − −	− − − −	+ + + +	+ + + +
FL	− −	− −	−	+ +	+ + +	+ + +
LAO	−	−	+	+ + +	+	−
FMS	−	+ +	+ +	+ +	+ +	− −
JIT	+ +	+ + +	+ + +	+ +	+ +	+ +
LAE	+ +	+ + +	+ + + +	−	− − −	− − −
	+ +	+ + + +	+ + + +	− − − −	− − − −	− − − −

Fuente: John Miltenburg.

Figura 21. Matriz PV-LF (productos y volúmenes / *layout* y flujo de materiales).

Como ya se ha comentado, estos procesos y *outputs*, también tienen sus contrapartidas, pues no hay ningún proceso que pueda entregar todos los *outputs* al máximo nivel; por ejemplo, procesos diseñados para fabricar productos estandarizados y repetitivos, como bolígrafos básicos o perfiles de acero, ofrecerán un costo muy competitivo, pero reducirán considerablemente el *output* de innovación.

A continuación se exponen los rasgos más significativos de los procesos que se muestran en la figura 21.

5.4.1   Taller

Elabora muchos productos diferentes, pero con volúmenes de solo algunas unidades. El diseño es funcional, agrupado por el mismo tipo de equipos. Las personas que forman la plantilla son expertas en un departamento, es decir, solo trabajan en las máquinas de ese departamento y están muy cualificados para desarrollar el trabajo en esas máquinas en concreto. No utilizan equipamiento o utillajes especializados, ya que al fabricar muchos productos diferentes a volúmenes bajos, es necesario que sean de propósito general. El flujo de material va de un departamento al siguiente, lo que requiere bastante manipulación y un inventario considerable en proceso, esperando que el siguiente proceso o departamento esté disponible, por lo que el plazo de entrega puede ser largo. Otros *outputs* ofrecidos a menor nivel por este proceso son el costo, ya que al fabricar volúmenes bajos será difícil igualar los costos del competidor que fabrica volúmenes más altos, y, en menor medida, la calidad, ya que al utilizar equipos de carácter genérico y productos poco repetitivos y en bajo volumen, se dificulta la generación del aprendizaje. Por el contrario, el diseño ofrece una elevada flexibilidad a la hora de introducir nuevos pedidos en el proceso o de atender urgencias y capacidad de innovación por facilitar la introducción de nuevos productos al tener equipos generalistas. Algunos ejemplos de este tipo de proceso son los talleres de mecanizado o los talleres textiles.

5.4.2   Flujo en lotes

Elabora menos productos, pero en volúmenes más elevados que en el caso anterior. Los productos se fabrican en lotes que representan algunas semanas de inventario (dependiendo de cada caso y de la demanda de los clientes). Acostumbran a tener diseños funcionales y celulares. En el caso de las células, se agrupan diferentes equipos para que el producto se inicie y acabe en la misma célula. Los equipos productivos son polivalentes, con poca especialización, capaces de fabricar productos de distintas características. El flujo de materiales puede variar de un pedido a otro, aunque hay determinadas pautas para grupos de familias de productos, si el diseño del proceso es funcional. Al igual que en el modelo anterior, el inventario en proceso sufre esperas entre departamento y departamento; en cambio, si es celular, el movimiento de materiales y sus esperas se reducen.

Al manejar bajos volúmenes se puede proveer flexibilidad. Es relativamente fácil introducir nuevos pedidos con productos innovadores, gracias al carácter generalista de los equipos productivos. Por el contrario, al manejar volúmenes bajos y tener una participación alta de personal, es más difícil competir por costos. Por lo general se opta por este proceso cuando se fabrican muchos productos en volúmenes no lo suficientemente altos para hacerlo en un proceso de flujo lineal.

5.4.3 Flujo en línea acompasado por el equipo

Estos procesos se organizan en una línea para elaborar un número bajo de productos diferentes, adecuado solo cuando el diseño del producto es estable y los volúmenes son lo suficientemente elevados para hacer eficiente la línea de producción. Es el tradicional sistema de las líneas de montaje de automóviles que ya desarrolló Henry Ford en la década de 1920, aunque en la actualidad están dotados de un nivel de automatización superior. La velocidad de la línea está marcada por la demanda (el *takt time,* el número de productos a fabricar por hora o día para cubrir la demanda establecida por el cliente). Es un sistema intensivo en capital y muy especializado, en el que el personal realiza tareas simples y repetitivas, acompañando el flujo del proceso en un tiempo estipulado, que está definido por el *takt time*

Son procesos con alta tasa de calidad, ya que están muy estandarizados y tienen costos bajos. Sin embargo, también son más rígidos, ya que utilizan equipos y utillajes mucho más específicos, que no permiten muchos cambios para acomodar productos nuevos.

Estos procesos se diseñan cuando se espera un ciclo de vida largo del producto que va a proporcionar volúmenes grandes para amortizar la inversión de la automatización del proceso.

5.4.4   Flujo en línea acompasado por las personas

En este sistema, el número de productos diferentes es más elevado que en el anterior. Se caracteriza por elaborar muchos productos similares de volúmenes muy variables, lo que dificulta tener una velocidad estándar en la línea de producción. La velocidad está marcada por las personas que operan la línea, por lo que dota al proceso de más flexibilidad y de distintas velocidades de fabricación. La tasa de producción depende de la cantidad de personas que participan en el proceso y de su propia eficiencia. En este caso, el flujo de materiales es bastante regular, el tipo de productos es más especializado que los procesos de taller o flujo por lotes, pero menos que los procesos más automatizados, ya que todavía se fabrica una gran variedad de productos.

En comparación con el diseño del flujo en línea acompasado por el equipo, este sistema, al depender más de las personas, ofrece un costo mayor y una tasa de calidad menor, aunque los equipos productivos de la línea son menos generalistas y están más especializados en los productos a fabricar.

Este proceso es más flexible que las líneas más automatizadas, ya que al estar acompasado por las personas, su velocidad es variable; además, permite la fabricación de una mayor variedad de productos.

Un ejemplo de este proceso es el utilizado en los restaurantes de comida rápida, donde se producen pocos productos distintos, con volúmenes que pueden variar y la velocidad de producción depende de la cantidad de personas que participan en la elaboración.

5.4.5   Flujo continuo

Similar al sistema de flujo en línea acompasado por el equipo, pero más intensivo en capital y más automatizado, cuenta con maquinaria especializada y con un flujo regular de materiales. Además, las personas prácticamente no tienen incidencia. Es ideal para un número limitado de productos y grandes volúmenes, donde el diseño del producto es muy estable. Por lo general, abarca procesos que funcionan las 24 horas del día, los siete días de la semana. El foco de este proceso son los bajos costos, es decir, garantizar la calidad, entendida en este caso como un producto que cuenta con todas las especificaciones y que llega dentro del plazo de entrega más corto que se pueda. Sin embargo, no provee una flexibilidad muy elevada, pues al no permitir la fabricación de varios productos a la vez sino fabricar volúmenes muy elevados del mismo producto, la velocidad del proceso no puede alterarse. Tampoco permite una gran innovación, ya que, al tener equipos productivos muy especializados para fabricar artículos muy estandarizados, un producto de diseño nuevo requeriría cambios extensos en los equipos.

Este proceso se utiliza cuando el producto es muy estándar, con muy pocas variaciones, a muy grandes volúmenes, ya que el *output* es el costo. Algunos ejemplos de este proceso son las plantas químicas que fabrican materias primas o las fábricas de cerveza industriales.

5.4.6 *Justo a tiempo* (just in time, JIT)

Este es el proceso que abarca más aspectos dentro de la matriz PV-LF. Los procesos lineales descritos anteriormente no son muy adecuados si la variedad de productos es muy elevada y sus volúmenes no son muy altos, por lo que en este punto, Miltenburg describe más que un proceso, un sistema de fabricación conocido como *lean*, como se percibe el sistema de producción de Toyota fuera de Japón. Este sistema se enfrenta a lo que considera los siete despilfarros de un proceso: sobreproducción, esperas, traslado de materiales, sobre procesos, inventario, movimiento de personas y defectos. Al abordar estos despilfarros se pretende que el proceso solo realice operaciones que aporten valor, es decir, las operaciones por las que el cliente está dispuesto a pagar. De esta manera, cuando el sistema justo a tiempo se utiliza en diseños lineales, se puede ganar flexibilidad al fabricar lotes más pequeños que en las tradicionales líneas de producción acompasadas por operarios o por equipo. Esta filosofía *lean* entrega todos los atributos mencionados en la matriz a gran nivel, costo, calidad, flexibilidad, innovación, entrega y rendimiento, pero es muy difícil su implantación, ya que más que un proceso, es una forma de hacer, una cultura de empresa, por lo que muchas compañías lo implantan parcialmente, obteniendo los *outputs* mencionados a menor nivel o fracasando en su implantación.

5.4.7 *Producción flexible (FMS)*

Se trata de un proceso completamente automatizado en línea o en células formadas por máquinas o robots, generalmente máquinas de control numérico computarizado (CNC), donde se pueden fabricar varios productos distintos a la vez, de forma aleatoria y en bajos volúmenes. Para ello se emplea un sistema automático de manejo y transporte de material o de producto acabado, de célula a célula o hacia un almacén, en vehículos guiados automáticamente.

Este proceso funciona sin la intervención de personal, pero con una supervisión que permite comprobar que no haya incidencias. Por lo general, la fabricación se realiza bajo pedidos pequeños.

El sistema de producción flexible puede sustituir al sistema de fabricación por lotes, cuando este no es capaz de proveer una calidad muy elevada, pues el nivel de sofisticación de los equipos utilizados asegura la elaboración de productos con especificaciones muy estrictas. También es un proceso muy flexible que permite fabricar productos distintos a la vez.

Sin embargo, al tener equipos sofisticados requiere un mantenimiento costoso por parte de personal técnico cualificado. Además, la incorporación de nuevos productos por lo general requiere la reprogramación de los equipos.

5.4.8 Evaluación de los procesos

Es una parte importante en el segundo paso del modelo de alineación de estrategia. En este punto se conoce el patrón de la demanda, el perfil de producto y las expectativas de la clientela. Si el análisis realizado muestra una brecha entre los *outputs* que entrega el proceso actual de la compañía y los atributos demandados, es decir, los atributos ganadores de pedidos, es preciso ajustar los procesos.

Miltenburg ofrece lo que denomina «palancas de producción», que ayudarán en el proceso actual para realizar los ajustes que permitan enfatizar los *outputs* necesarios. Estás palancas son:

- **Recursos humanos**
  Esta palanca influye en aspectos como la combinación de personal capacitado y con menos cualificación, el nivel de polivalencia del personal, el plan de formación, el nivel de supervisión del personal, las políticas de contratación y despidos, la responsabilidad y delegación que se deposita en el personal, el nivel de involucración del personal en la resolución de problemas, los programas de mejora continua o toma de decisiones y las oportunidades de promoción.

- **Estructura y controles de la organización**
  Esta palanca influye sobre la organización, la cultura de la empresa y los sistemas de reconocimiento. Permite decidir sobre una estructura jerárquica o plana, relaciones entre departamentos, las mediciones para evaluar el rendimiento del personal, las políticas de incentivos y algunos aspectos conceptuales como, por ejemplo, ver a las operaciones como un centro de costos o como uno de valor.

- **Fuentes de aprovisionamiento**

  Esta palanca afecta a las relaciones con empresas proveedoras y distribuidoras. Permite decidir si la relación con estas es de colaboración o de presión, su cantidad y capacidad, qué influencia tienen en el diseño, costo y calidad de los productos, e incluso ayuda a decidir si un artículo se produce internamente o se subcontrata.

- **Planificación y control de la producción**

  Esta palanca ayuda a decidir sobre el flujo de los materiales, si los sistemas son centralizados o descentralizados, qué productos se necesita tener en stock y sus cantidades mínimas, si el sistema de producción es de empuje *(push)* o de arrastre *(pull),* si la planificación es inamovible o flexible, o si se tiene un programa de mantenimiento y gestión de nuevos productos.

- **Tecnología de procesos**

  Esta palanca influye sobre las máquinas, tipos de proceso o tecnologías utilizadas en el sistema de producción, como el tipo de *layout* que se va a utilizar, si se usan equipos productivos especializados o de carácter genérico, si los equipos productivos se adquieren o diseñan para volúmenes bajos o altos, el grado de automatización del proceso, si la tecnología empleada se diseña internamente o se adquiere fuera, o los procedimientos de control de calidad.

- **Instalaciones**

  Esta palanca permite tomar decisiones sobre el tamaño de las instalaciones, si estas deben ser especializadas o genéricas, su ubicación, su capacidad y su flexibilidad para los cambios.

Miltenburg clasifica el nivel de desarrollo de cada palanca en varias categorías, dependiendo de su grado de madurez y rendimiento dentro de la industria. Las cuatro categorías son:

- **Nivel infantil**

  El sistema de fabricación tiene una contribución mínima al éxito de la compañía. El personal de fabricación tiene poca formación, la mayoría de las partes se externalizan. La fabricación es un centro de costo, un mal necesario, con equipos productivos generalistas, incapaces de generar diferenciación.

- **Nivel medio**

  El sistema de fabricación mantiene a la compañía al mismo nivel que el de sus competidores, es decir, fabricaciones estándares, nivel de tecnología y procesos similares en todos los actores del mercado. Busca economías de escala. Este nivel se compromete en el momento en el que aparecen nuevos competidores con nuevas capacidades.

- **Nivel adulto**

  El sistema de fabricación es capaz de proveer los *outputs* cualificados y ganadores del mercado. Las decisiones y la estrategia en fabricación están alineadas con la estrategia de la compañía; se pueden tener distintos procesos dentro de la misma fábrica capaces de proveer distintos *outputs* que cubren necesidades del cliente distintas. Sus estrategias no son cortoplacistas.

- **Nivel de clase mundial** *(world class)*

  El sistema de producción es referencia a nivel mundial, lo que constituye una ventaja competitiva para la compañía. El sistema de producción influye significativamente en el diseño de la estrategia de la empresa y es capaz de proveer más de un *output* a nivel ganador de pedidos. Desarrolla parte de su tecnología internamente, ya que su habilidad es más grande que la de la mayoría de las empresas proveedoras, pues constantemente está explorando las nuevas tecnologías para seguir mejorando los procesos.

Por ejemplo, la palanca de recursos humanos, a un nivel bajo o infantil, muestra empleados poco cualificados que solo ejecutan operaciones rutinarias y son considerados como un costo para la empresa. Por el contrario, en la parte alta se pueden encontrar personas polivalentes, capaces de resolver problemas, por lo que son consideradas como un gran activo para la empresa.

En el caso de las fuentes de aprovisionamiento se pueden encontrar relaciones cortoplacistas con empresas proveedoras, gran número de ellas para competir en costos, o, por el contrario, se pueden encontrar relaciones con estas, basadas en la confianza y la colaboración mutua, compartiendo información de manera transparente.

Se puede mover alguna palanca para ajustar el *output* del proceso o moverlas todas en profundidad para pasar de un sistema de producción a otro.

A continuación se muestra un caso real que ilustra el movimiento de estas palancas para influenciar en el proceso.

Caso de la empresa ABC, mostrado en el libro *Estrategia de fabricación*, de John Miltenburg

El proceso de fabricación de ABC estaba basado en un sistema de flujo en lotes con altos niveles de flexibilidad e innovación, lo que, hasta ese momento, era lo que la clientela demandaba. Se fabricaban cuatro familias de productos, tres de ellas bajo pedido y requerían ingeniería a la medida, la otra familia la componían productos estándar. El nivel de sus palancas de fabricación era ligeramente superior a la media de la industria; por ejemplo, la palanca de recursos humanos tenía un alto compromiso y las instalaciones eran nuevas y con equipos modernos.

El reto de la compañía era la rentabilidad, ya que perdía dinero desde hacía diez años. Además, el mercado empezaba a demandar nuevos *outputs* cualificados que el actual proceso no era capaz de proveer, con la consiguiente reducción de pedidos.

Por esta razón, la empresa contrató un nuevo director industrial que creó un nuevo equipo directivo. Los primeros análisis realizados por el nuevo equipo mostraron que, si centraban en el perfeccionamiento de la fabricación de su producto estrella N1, la mejora impactaría globalmente en la compañía,

El nuevo equipo directivo realizó un análisis competitivo del producto N1 (este análisis encaja en el paso 2 del modelo de este libro), definió los atributos cualificados del mercado, que eran: costo, calidad y rendimiento, y el atributo ganador de pedidos: las entregas.

Los clientes percibían el producto N1 como de alta calidad y rendimiento, un artículo exclusivo, pero con un plazo de entrega demasiado largo: 22 semanas, con una fiabilidad en la entrega del 60 %, cuando el mercado estaba requiriendo alrededor de 16 semanas. El costo también era algo superior a la media del mercado, un 14 %.

En la figura 22 se muestra la matriz utilizada por la empresa ABC para realizar el análisis competitivo.

El equipo estableció objetivos para cada uno de los *outputs* a potenciar:

- Costo: reducir los costos por unidad en un 8 %.
- Calidad: reducir el costo por retrabajos en un 50 % y los defectos por unidad de 3 a 1,5.
- Rendimiento: añadir una característica avanzada al producto.
- Entrega: reducir el plazo de entrega a 17 semanas, con una fiabilidad del 75 %.

OUTPUTS DE FABRICACIÓN

Entrega	Costo	Calidad	Rendimiento	Flexibilidad	Innovación	
1. Tiempo 2. Fiabilidad	Coste de fábrica	1. Retrabajo 2. Def./unid. 3. Garantias	Número de características 1. Estándares 2. Avanzadas	n/a	n/a	**Atributos**
1. 22 semanas 2. 60%	40.000$/unid.	1. 2.000$ 2. 3 defectos 3. 4%	1. 5 2. 3			**Empresa-Actual**
1. 25 semanas 2. 50%	35.000$/unid.	?	1. 4 2. 2			**Mercado**
1. 20 semanas 2. 70%	40.000$/unid.	?	1. 5 2. 3			**Competidor fuerte**
1. 17 semanas 2. 70%	37.000$/unid.	1. 1.000$ 2. 1,5 defectos 3. no meta	1. 5 2. 3			**Empresa-Meta**
Ganador	Cualificado	Cualificado	Cualificado			**Cualificados o ganadores de pedidos**

ANÁLISIS COMPETITIVO

Fuente: *Estrategia de fabricación.* John Miltenburg.

Figura 22. Matriz de análisis competitivo, empresa ABC.

La empresa estaba satisfecha con esta evaluación, ya que mejoraría el nivel de los atributos cualificados y dejaría el nivel del atributo ganador (entregas) a un nivel por encima del mercado.

Una vez definida la estrategia del producto N1, el equipo directivo analizó si el sistema de producción actual era el adecuado.

En este punto del caso se hace un inciso para comentar que, después de una revisión de las necesidades, a veces el sistema de producción ideal es el actual, pero en otras debe utilizarse uno diferente. En cualquier caso, hay que tener en cuenta algunas consideraciones:

- El sistema de producción actual es el requerido.
- Se requiere un nuevo sistema, es factible y se puede lograr.
- Se requiere un nuevo sistema, es factible, pero no se puede lograr.

- Se requiere un nuevo sistema, pero no es factible.
- No existe un sistema capaz de proveer los *outputs* requeridos.

El sistema de producción factible se da cuando el número de productos y sus volúmenes son adecuados.

Un nuevo sistema de producción se logra cuando, mediante las capacidades de la compañía, se pueden realizar los ajustes necesarios en las palancas de producción.

Volviendo al caso, el equipo de ABC concluyó que el actual sistema de producción de flujo por lotes no era adecuado para proveer los atributos elegidos a sus nuevos niveles. La conclusión fue que se debía cambiar a un tipo de proceso lineal (flujo en línea acompasado por el equipo o por la persona). El sistema justo a tiempo era válido, pero difícil de implantar, prácticamente una nueva cultura de fabricación, y el sistema de producción flexible también era adecuado para proveer los nuevos atributos, pero requería una inversión muy elevada. Por lo tanto, la primera opción fue inclinarse por un proceso de flujo lineal, que es factible cuando se elaboran pocos productos estándar a volúmenes medios-altos. El problema radicaba en que el producto N1 se elaboraba con ingeniería a medida y a volúmenes bajos, por lo que el equipo propuso al departamento de diseño los siguientes cambios para que el producto encajase en el nuevo sistema de producción:

- Estandarizar el producto, lo que implicaba eliminar algunas características únicas y hacerlo más fácil para fabricar.
- Incrementar el volumen de producción.

Las propuestas no fueron aceptadas ya que la estandarización del producto mataría la razón de ser del mismo. Se recuerda que la clientela apreciaba la exclusividad del producto.

El aumento de volumen y la asignación de más cuota a esta fábrica también fueron rechazadas mientras la fábrica no fuese capaz de revertir las pérdidas.

La imposibilidad de estandarizar el producto y de ganar más volumen descartaron la adopción del sistema de flujo lineal. También se descartó el sistema de producción flexible debido a la alta inversión que se necesitaba, que era imposible de abordar en ese momento. Así que, a pesar de la dificultad de implantación, se optó por el sistema justo a tiempo.

Cuando se decide cambiar a otro sistema de fabricación, como en este caso, los ajustes en las palancas de producción deben ser considerables y, como es lógico, muy complejos. Por este motivo es importante preparar un plan específico que permita identificar los ajustes a realizar, determinar su secuencia, fijar la velocidad de ejecución y determinar los recursos necesarios.

Los ajustes en las palancas de producción que la compañía ABC puso en marcha para pasar de un sistema de producción de flujo por lotes a un sistema justo a tiempo fueron:

- **Palanca de recursos humanos**
  Se estableció un amplio programa de formación, generando un cambio cultural. También se puso en marcha un proyecto de gestión del cambio, formando a las personas en múltiples tareas para ganar polivalencia, lo que llevó a una negociación con los sindicatos para cambiar el sistema retributivo y basarlo en la polivalencia del personal. Además se organizaron grupos de mejora y resolución de problemas, se diseñó una nueva estructura de reuniones para mejorar la comunicación y se instauró un sistema de sugerencias, entre otros.

- **Palanca de la estructura y controles de la organización**
  Se reorganizaron departamentos, se reasignaron las actividades de algunos mandos, varias responsabilidades y toma de decisiones se bajaron a escalafones inferiores del organigrama, se crearon grupos de trabajo y se ligaron algunos incentivos al rendimiento de esos grupos. Además, se repensó la información que se debía compartir y cómo se distribuiría por toda la empresa de una forma mucho más visual e intuitiva, se trabajó para mejorar la colaboración entre el departamento de producción-operaciones y los departamentos de *marketing* y de diseño.

- **Palanca de aprovisionamientos**
  Se redujo el número de empresas proveedoras y se reforzó la relación con las que quedaban, enfatizando la calidad y las entregas rápidas y fiables.

- **Palanca de tecnología de procesos**
  Se cambió el *layout* de la fábrica, las máquinas se organizaron en células de fabricación, se emplearon técnicas de preparaciones rápidas o SMED *(single*

minute exchage of die, técnica desarrollada por Toyota para realizar los cambios de preparación de máquina en menos de diez minutos), se implantaron técnicas de control estadístico de procesos o SPC *(statistical process control)* para garantizar la calidad de los procesos.

- **Palanca de instalaciones**

  La reducción de las existencias en proceso provocó la desaparición de almacenes dedicados a la familia del producto N1; se cambió el flujo de los materiales, lo que provocó otros cambios de *layout;* se cambió el sistema informático, especialmente en planificación de la producción y aprovisionamientos, para pasar de un sistema *push* a un sistema *pull*, donde el paso de materiales al siguiente paso del proceso se realiza solo cuando el siguiente paso demanda piezas.

  Los ajustes en cada palanca se pueden traducir en uno o varios proyectos; por lo tanto, se hizo necesaria la contratación de personal con las capacidades para gestionar proyectos, se realizó un programa detallado, priorizando proyectos, secuenciándolos y designando los recursos necesarios para cada uno.

  El principal reto estuvo en cambiar la forma de trabajar y la mentalidad del personal, por lo que se concienció a la dirección en la aceptación de conceptos y

5.5   Análisis de la complejidad

Además de la matriz de producto-proceso que se observa en la figura 21, también se puede categorizar la complejidad que aportan los productos que la empresa fabrica o gestiona.

Los tiempos en los que las compañías influenciaban el servicio y la demanda del mercado han pasado a la historia, ahora es esta la que está en el centro de todo y no existe una demanda de necesidades estandarizada, pues los clientes son variados, al igual que sus preferencias y necesidades. La obligación de las compañías es satisfacer una cada vez mayor personalización del servicio y responder a una demanda cada vez más volátil e impredecible, que provee a las cadenas de suministro de una creciente complejidad que suele ser difícil de manejar.

compromisos, se creó una visión y se trabajó en el liderazgo para llevarla a cabo. El siguiente paso fue concienciar al resto de la compañía, se iniciaron algunos proyectos piloto que pudieran generan éxitos rápidos y visibles que servían de modelo para los próximos y que ayudaban en la concienciación para el cambio.

Estos proyectos piloto duraron nueve meses y su éxito sirvió para generar confianza y entusiasmo en el personal. Posteriormente se iniciaron 39 nuevos proyectos con más involucramiento del personal, los cuales se alargaron hasta el mes 20. El compromiso de la dirección con el proyecto de cambio de sistema de producción fue crucial, ya que durante el primer año las ventas siguieron cayendo por debajo del nivel de punto de equilibrio, y no fue sino a partir del segundo año, a medida que los proyectos iban avanzando, que empezaron a recuperarse hasta crecer por encima del punto de equilibrio, lo que permitió obtener beneficios.

Este caso ilustra la adaptación de los procesos para entregar unos atributos al mercado que antes no se estaban entregando al nivel demandado. Solo el análisis de la capacidad de sus operaciones, tal como muestra el paso 2 de este libro, permitió identificar la brecha entre lo que la fábrica estaba entregando y lo que se le demandaba a la compañía. Por eso, este es un paso fundamental para iniciar el cierre de esa brecha.

Con frecuencia se emplea el término complejidad para justificar algunos costos, pero lo cierto es que puede ser un concepto algo abstracto que solo se puede manejar y minimizar una vez que se haya entendido a cabalidad.

La mejor definición de complejidad se refiere a cualquier factor que haga que el tiempo de ciclo (de cualquier proceso, de manufactura o logístico) sea más largo. A mayor complejidad, mayor tiempo de ciclo y mayor costo. Basta con pensar en un mercado en el que cada vez se demanda más diferenciación, lo que se traduce en complejidad para las cadenas de suministro y sus fábricas; si la cadena de suministro es capaz de gestionar la complejidad demandada por el mercado de una forma eficiente, estará en una posición privilegiada y sin duda creará valor y ayudará a la empresa a diferenciarse de la competencia. Por este motivo, es importante que en este paso se evalúe el modelo, la complejidad que van a generar las necesidades de la clientela y la estrategia de la compañía que se ha analizado en el primer paso del modelo.

Los factores que incrementan la complejidad en los procesos dependen de la actividad de cada empresa. A continuación se exponen algunos ejemplos:

- **Especificación de calidad.** Algunas tolerancias son más estrechas y otras dan más margen, lo que ocasiona, dependiendo del proceso utilizado, que algunos productos sean más difíciles de fabricar que otros y que requieran de más ajustes o más controles de calidad, alargando el proceso. Por lo general, los productos de más rendimiento o productos *premium* tienen más características que revisar durante el proceso y mayores controles de calidad que los productos estándar. En la evaluación realizada en el paso 1, en la matriz de Fisher, se obtiene información del perfil de los productos a fabricar para valorar la complejidad que aportan a los procesos.

- **Tamaños de lote o capacidad-unidades de embalaje.** En principio, la mayoría de los lotes más grandes son más productivos. A menudo, especialmente en sistemas de producción de flujo por lotes, se emplea un tiempo muy similar en la fabricación de lotes de distinto tamaño, pero obtenido un *output* mayor con el lote más grande y utilizando los mismos recursos en ambos casos. En cambio, los lotes más pequeños incrementan el número de cambios de proceso: más limpiezas, más ajustes, más controles, etc., aumentando de esta manera la complejidad.

  Como se ha comentado en el apartado 5.4 de este capítulo, «Productos *versus* procesos productivos», es importante valorar el volumen que aporta cada producto, pues dependiendo del volumen y la variedad de productos, existe un proceso de producción ideal. Si en el catálogo de productos de la compañía existe variedad de volúmenes en distintos artículos, es posible que se tengan que plantear procesos de producción distintos y no dar por hecho que el proceso actual sirve para todo. Las matrices de Fisher y Lee, en combinación con los diferentes tipos de procesos descritos por Miltenburg, son las herramientas para manejar, de la forma más eficiente, la complejidad que aporta el mercado.

- Por lo general, los productos más complejos requieren más pasos dentro de un proceso, mientras que los productos estándar suelen necesitar menos procesos. Tener más pasos en un proceso significa que hay un tiempo de ciclo más largo; por lo tanto, más complejidad (de acuerdo con la definición de complejidad descrita en este libro). Este es un aspecto importante a tener en cuenta cuando se lanzan nuevos productos que intentan satisfacer la demanda creciente de nuevas características para encontrar la diferenciación en el mercado. Ya se ha comentado que las empresas cuya dirección está formada por personas provenientes de los departamentos de ventas o finanzas, generalmente desconocen las operaciones y pueden pensar que la fabricación de todos los productos es similar. Por eso es recomendable que, en este paso, los profesionales de operaciones evalúen la complejidad que aportan los nuevos productos con más características o con características más avanzadas y que sean capaces de explicarlo al resto de la compañía, especialmente al departamento de ventas y a la dirección.

- Los productos más complejos suelen requerir preparaciones de pedido o máquinas, cambios de utillajes que requieren ajustes más complicados o limpiezas especiales que necesitan más tiempo; mientras que los productos estándar ayudan a tener procesos más estables y sólidos, con pocos cambios de configuración o ajustes específicos, con equipos de carácter generalista y, por lo tanto, poco complejos.

- Por lo general, la amplitud de surtido, tanto a tener en existencias como a fabricar bajo pedido, añade complejidad pues requiere más movimientos, más ubicaciones en almacén y más manipulación y trabajo en la preparación de pedidos, con más riesgos de errores en el caso de que el proceso sea manual o poco automatizado. Esto es más evidente si la compañía está presente en diferentes mercados, con distintas necesidades.

- El grado de personalización demandado también requiere procesos específicos, bien sea si se hace la personalización al final del proceso (en almacén), o si la personalización se genera desde el principio.

Identificar los diferentes factores que hacen que un producto sea complejo, como los ejemplos que se acaban de mencionar, permite a la compañía realizar un ataque selectivo a esos factores (puede ser más de uno), en lugar de plantear una mejora de eficiencia más general y probablemente menos efectiva y, de esta manera, reducir la complejidad sin restar las capacidades del producto apreciadas por el mercado. Esto es gestionar la complejidad en los procesos.

Si la compañía es capaz de identificar la complejidad, podrá categorizarla. Por ejemplo, puede utilizar la clasificación ABC, siendo A los productos menos complejos y C los más complejos.

Para categorizar la complejidad en producción se puede utilizar el criterio de *output* de esos productos por hora o por día, directamente relacionado con el tiempo de ciclo de fabricación de los productos, siendo A los productos con más *output* y C los productos con menos *output* en el mismo espacio de tiempo.

Por ejemplo, un producto A podría ser aquel que, debido a su baja complejidad, puede ofrecer un *output* de 1.000 piezas por hora; por el contrario, un producto C sería aquel que en la misma fábrica, solo se pueden fabricar 50 piezas por hora. Obviamente, la cantidad por hora dependerá de la naturaleza de cada compañía.

En la figura 23 se manejan datos ficticios, pero se muestra una situación real de una empresa que originalmente operaba en dos mercados y que, poco a poco, a través de una estrategia de crecimiento, pudo entrar en dos mercados nuevos.

Basándose en los productos existentes, desarrollaron unos nuevos, con características más avanzadas que permitían servir a los nuevos mercados que demandaban unos atributos de calidad y rendimiento de producto que los actuales no tenían.

Al margen de que los nuevos productos ya aportaban complejidad a la compañía, al ser nuevos y en fase de aprendizaje, lejos todavía de alcanzar la madurez, la empresa no pensó que esos artículos quizá requerirían de nuevos procesos y empezó a fabricarlos con las máquinas y procesos existentes. En ese momento la empresa no era consciente, pero su complejidad se incrementó rápidamente.

Los costos de la fábrica crecieron hasta que empezaron a dañar la cuenta de resultados, por lo que la empresa planteó trasladar parte de los costos al precio de los productos y, a pesar de que el precio no era uno de los atributos ganadores de los pedidos, los conflictos con el departamento de ventas y algunos clientes empezaron a aflorar.

El principal problema radicaba en que nadie en la empresa valoró la complejidad que podrían aportar los nuevos mercados y los nuevos productos a la cadena de suministro. De nuevo un claro caso de falta de alineación dentro de la compañía y una cadena de suministro con poco enfoque a la clientela.

Cuando la situación empezó a ser insostenible y la complejidad en su significado más genérico ya no funcionaba como respuesta al incremento de los costos, la empresa decidió hacer un estudio de complejidad para entender la situación, algo que se debió hacer mucho tiempo antes.

Como se explicó anteriormente, la compañía categorizó la complejidad en tres grupos de productos, A, B y C, utilizando el *output* por hora como medida, siendo A los productos con un *output* mayor de 200 U/hora, B mayor de 100 U/hora y C menor de 50 U/hora.

El gráfico resultante (véase la figura 23) fue demoledor, a la vez que tremendamente pedagógico. Se empleaban prácticamente las mismas horas en fabricar todos los productos C que en fabricar los productos A, pero el *output* total de C era enormemente inferior. Esa era la complejidad que estaba lastrando a la compañía.

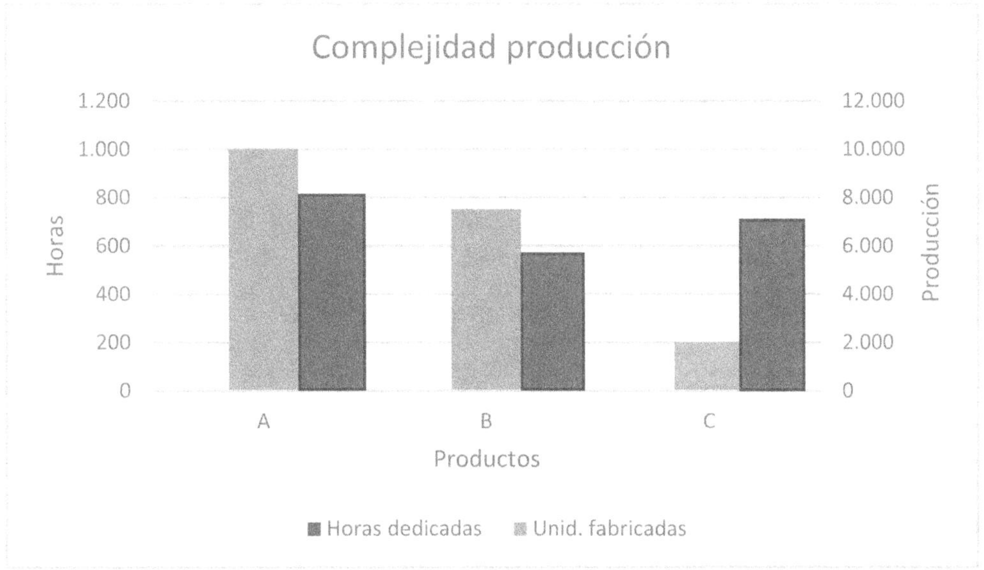

Figura 23. Segmentación de la complejidad en producción.

La empresa había entendido su complejidad: el primer paso para mejorar algo es comprender la naturaleza del problema y su causa raíz.

Solo así la compañía pudo empezar a gestionar y optimizar sus artículos, teniendo en cuenta que no podía eliminar los productos C, ya que, en su mayoría, eran los nuevos productos que los nuevos mercados demandaban. Si la empresa había decidido estar presente en esos mercados, no podía eliminar esos productos de su catálogo, pero si entendía por qué eran complejos, podía iniciar un plan de acción selectivo que, en este caso, fue diseñar procesos separados y adaptados a los nuevos productos.

Esta categorización también es una buena herramienta para los departamentos de planificación, pues al conocer el nivel de complejidad de cada producto-proceso, pueden planear, buscando la mejor combinación *(mix)* de productos, obteniendo la complejidad más baja posible y maximizando la eficiencia.

Todo este análisis de la complejidad, pasando de un concepto abstracto a uno mucho más tangible, permite a los profesionales de la cadena de suministro mostrar a la dirección de la empresa o a los departamentos de ventas y *marketing,* de una manera didáctica, cómo impacta la diferenciación en la cadena de suministro.

Un ejercicio muy saludable es comparar los productos que aportan más complejidad a las operaciones, según los datos de ventas, márgenes o beneficios que aportan a la compañía. Como al desgranar la complejidad se pueden conocer mejor los costos de proceso de esos artículos, ya sea de fabricación o logística, no es extraño descubrir que algunos productos muy complejos no aportan valor a la empresa, por lo que se podrían eliminar del catálogo o del surtido y, de esta manera, se reduciría la complejidad en la cadena de suministro.

Con el paso del tiempo, el nivel de complejidad aumenta, por lo que tarde o temprano los procesos tienen que adaptarse.

5.6   Valoración de los indicadores

Ya se ha comentado que las cadenas de suministro más tradicionales, con un enfoque al costo como pilar fundamental, acostumbran a utilizar indicadores y objetivos con un enfoque interno que, a menudo, tienen poco que ver con el mercado; por ejemplo, los rendimientos de máquina o la reducción de los días de almacenamiento.

Elegir el indicador adecuado es fundamental. Las empresas establecen indicadores para obtener información sobre cómo están funcionando sus procesos, pero si estos indicadores no están alineados con las necesidades de la clientela, las decisiones que se tomen con base en la información obtenida del indicador serán erróneas.

En el paso 1 del modelo que se presenta en este libro se ha obtenido toda la información necesaria para poder valorar, en este punto, si los indicadores clave de rendimiento o KPI *(key performance indicator)* actuales de la cadena de suministro están alineados con la estrategia de la compañía y con las necesidades del mercado.

Los indicadores también tienen que estar alineados a lo largo de la cadena de valor. Uno de los principales motivos por los que las empresas trabajan en silos es precisamente porque los KPI y los objetivos de cada departamento son opuestos o contradictorios entre sí; por ejemplo, el departamento de logística puede tener como objetivo reducir los días de almacenamiento de materias primas, mientras los departamentos de aprovisionamiento o compras tienen un objetivo de reducción de precios en las materias primas, lo que le lleva a comprar lotes más grandes para aprovechar la economía de escala y de esta manera obtener mejores precios.

Ejemplo real de gestión de los indicadores

Una empresa con un amplio surtido de productos líquidos medía el rendimiento de la preparación de pedidos de su almacén mediante un indicador litros/persona/día.

Este indicador también era utilizado para fijar la capacidad de preparación de pedidos de dicho almacén, ya que al conocer la cantidad de litros/persona que se podían expedir, era fácil calcular el número de personas necesarias con base en los litros recibidos del mercado y, de esta manera, asegurar los envíos a tiempo, lo que era uno de los atributos demandados por la clientela. Sin embargo, la crisis financiera en el país cambió de forma generalizada el comportamiento de esta, lo que produjo una dramática reducción del nivel de existencias en las tiendas o almacenes y, como consecuencia, cambió el patrón de los pedidos: ahora se realizaban pedidos mucho más pequeños y con más frecuencia. Esto hizo que el global de litros demandados al almacén bajara, pero que las líneas por pedido aumentaran considerablemente.

A partir de ese momento, el KPI utilizado por el almacén (litros/persona/día) dejó de mostrar la información adecuada. El almacén seguía viendo que con la plantilla actual servían los litros demandados, pero la realidad era que los pedidos entregados con retraso aumentaban debido a que al acrecentar las líneas por pedido, también aumentaba el volumen de trabajo de preparación de pedidos, pero el indicador no reflejaba esta nueva situación.

El análisis del problema mostró que la solución era el cambio de indicador, por lo que se pasó a medir líneas/persona/día. A partir de ese momento se evidenció que la capacidad de preparación de pedidos del almacén no era suficiente y, como solución a corto plazo, se contrató más personal para volver a los niveles de servicio demandados.

En este caso, un KPI que daba la información necesaria dejó hacerlo debido a un cambio generalizado de comportamiento de la clientela, causado por un factor ajeno a la compañía, pero que no supo leer a tiempo.

Esta nueva necesidad no fue informada por el departamento de ventas, que estaba más preocupado por generar nuevas ventas en época de crisis y enfrascado en discusiones con la cadena de suministro al ver que el nivel de servicio se deterioraba.

Como se explica en el paso 1, este es un caso típico de necesidad del cliente, no informada por el departamento de ventas, pero fácilmente detectable por el personal de operaciones al realizar algunas visitas al cliente y preocuparse por sus retos principales.

5.7   Evaluación de las técnicas de previsión de la demanda

Durante el paso 1 y a través de la matriz de Fisher se ha podido analizar y relacionar el patrón de la demanda y el perfil del producto, donde se ha diferenciado básicamente entre productos funcionales con una demanda estable y predecible, con volúmenes elevados y con pocos cambios en su comportamiento; y por otro lado, productos innovadores, con una demanda inestable y muy difícil de predecir, normalmente con volúmenes pequeños y con bastante recorrido por delante para alcanzar la madurez. Esta información es básica para evaluar las técnicas de previsión de la demanda que la compañía pueda utilizar.

Hay que diferenciar entre la previsión de la demanda y la planificación de la demanda.

La previsión de la demanda, que no es el plan o el presupuesto de ventas, debe ser calculada por el personal de la cadena de suministro y no por el departamento de ventas. Consiste en una serie de cálculos que estiman la demanda futura con base en datos históricos. De acuerdo con estos cálculos se planifica la demanda, ajustando el nivel de inventario, los planes de producción y los aprovisionamientos, con el fin de garantizar el suministro mediante unos niveles de existencias óptimos, en un plazo de tiempo determinado.

Con el análisis realizado en el paso 1, y desde el punto de vista de la demanda, los productos se pueden dividir en tres categorías que ayudarán a la compañía a elegir la técnica de previsión de demanda más adecuada:

- No pronosticables: por lo general se trata de nuevos lanzamientos.
- Menos pronosticables: generalmente son productos de demanda irregular, baja demanda y alta variabilidad (encaja en la clasificación de productos innovadores de la matriz de Fisher de la tabla 2).
- Pronosticables: se trata de productos de demanda predecible, alta demanda y baja variabilidad (encaja en la clasificación de productos funcionales de la matriz de Fisher de la tabla 2).

Si el análisis muestra que la compañía maneja productos que encajan en las tres categorías mencionadas, el nivel de complejidad para la cadena de suministro aumenta y se debería segmentar con base en el valor y la variabilidad que aporta el producto, para poder elegir la técnica de previsión de la demanda adecuada a cada caso.

Es aconsejable agrupar productos con poco valor y alta variabilidad en un solo conjunto para, de esta manera, suavizar la variabilidad.

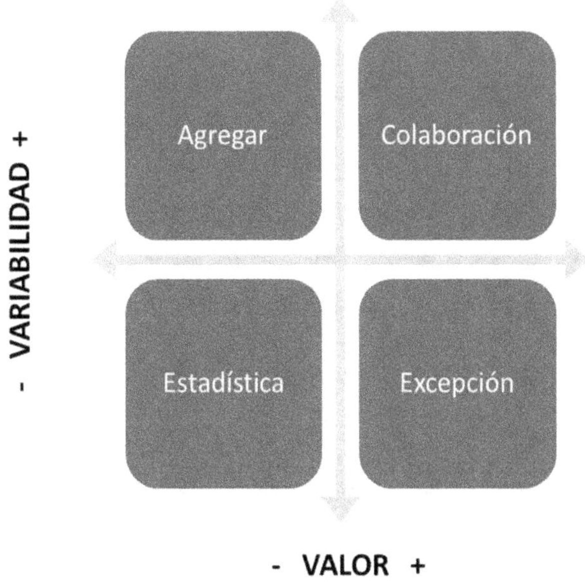

Figura 24. Matriz de la demanda según variabilidad-valor producto.

Para productos con poco valor y baja variabilidad es suficiente con utilizar técnicas básicas de previsión (medias) que serán lo suficientemente fiables y no requieren que se les dedique mucho tiempo.

Para productos con altor valor y alta variabilidad se prestará la mayor atención y se tendrá que completar la previsión de la demanda basada en el histórico, con la información del mercado a través de los departamentos de ventas y *marketing*, usando técnicas estadísticas más complejas que la media aritmética. El método para completar esta información y que aporta un alto grado de colaboración es el S&OP, comentado en el apartado 4.2, «Expectativas de los clientes, propuesta de valor».

Para productos con alto valor y baja variabilidad se requiere la gestión de las excepciones, que pueden venir dadas por promociones u ofertas sobre productos concretos, creando una demanda ficticia provocada por la propia empresa. Si estas acciones promocionales no se repiten cada año en el mismo periodo, deben descontarse o no tenerse en cuenta en la demanda histórica.

Este capítulo no pretende profundizar en las técnicas de previsión de la demanda, sino en mostrar la necesidad de reconocer los diferentes perfiles de producto y demanda con los que la empresa opera y alinearlos con la técnica de previsión más adecuada. De todas maneras, para reconocer esta alineación, a continuación se muestran algunos métodos de previsión que encajan en alguno de los cuadrantes de la matriz de la figura 24.

- **Método cuantitativo**

  Se basan en la demanda histórica y usan la estadística para prever la demanda futura. Existe información suficiente y tangible (los datos históricos), se asume que algunos patrones del periodo anterior podrán repetirse en el futuro, se utiliza con gran cantidad de artículos, por lo que el error de previsión en un producto no tiene gran impacto. Como se manejan muchos datos, es importante que se apoye en la tecnología.

- **Método cualitativo**

  Se basa en la experiencia, es más subjetivo e intuitivo, no hay mucha información tangible, se enfoca al corto plazo y maneja un volumen de datos más pequeño.

Dentro del método cuantitativo se encuentran las series temporales (sucesión de observaciones de una variable tomadas en el transcurso del tiempo) que se utilizan cuando existen muchos productos con una demanda estable. Su objetivo es explicar las variaciones de la serie en el pasado para ver si responden a algún patrón. Si se logra identificar un patrón, se puede intentar predecir el futuro de la serie en un corto plazo.

Estos patrones están compuestos por tres aspectos: tendencia, estacionalidad y aleatoriedad.

- **La tendencia** puede crecer o decrecer en el tiempo. Se pretende predecir la tendencia de la demanda, si crece o decrece. Una demanda decreciente, puede significar el final de la vida de un producto.

- **La estacionalidad** como un comportamiento que se repite cada cierto tiempo. Se pretende identificar las estacionalidades a lo largo de un tiempo establecido. Son periodos de tiempo en los que se produce una modificación de la demanda puntual (pueden ser varios meses) al alza o la baja, son repetitivos año tras año (es un patrón, a no ser que el comportamiento del mercado cambie). En la figura 26 se observa que la estacionalidad va del mes 5 al 8, lo que coincide con los meses de buen tiempo, que es el factor que provoca esta estacionalidad.

$$\text{Ie (Indicador estacional)} = \frac{\text{Media mes}}{\text{Media anual}}$$

Se puede decir que hay una estacionalidad cuando el indicador estacional es >1,5.

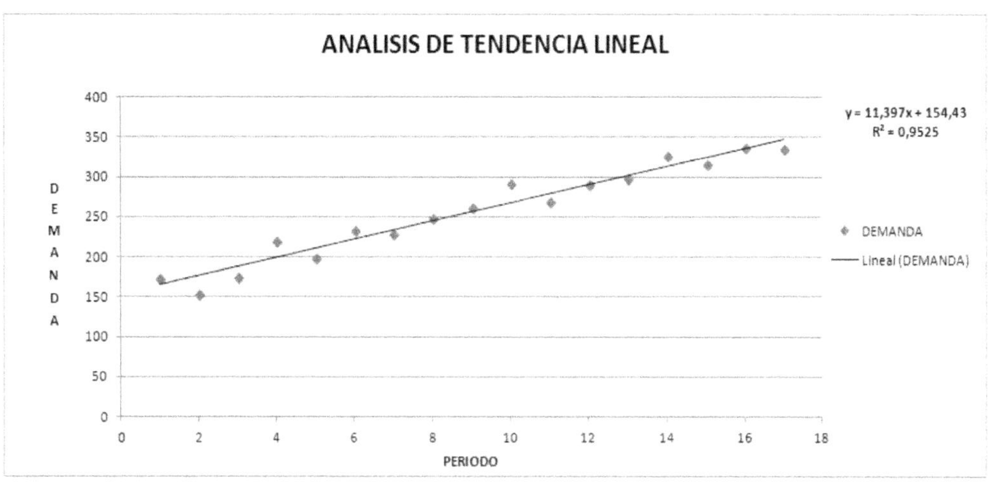

Pendiente de la recta $B_1 = r \times Sy/Sx$

r = Coeficiente de correlación
Sy = Desviación estándar demanda
Sx = Desviación estándar tiempo
Y = Demanda histórica
X = Tiempo

Fuente: Slimstock.

Figura 25. Análisis de la tendencia lineal.

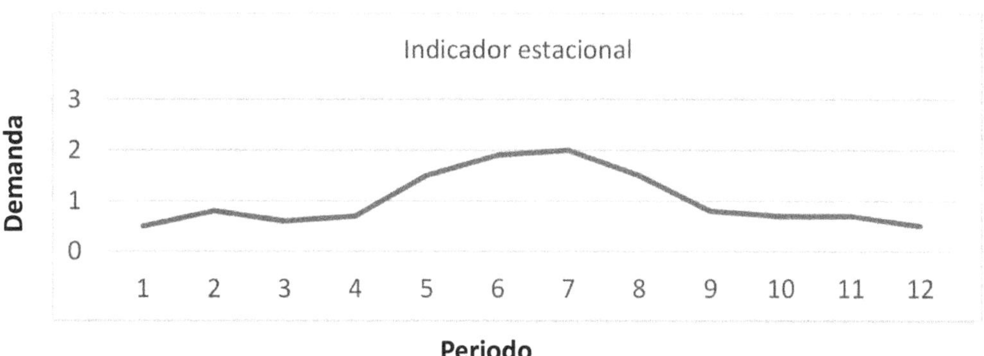

Figura 26. Gráfico de estacionalidad.

- **La aleatoriedad** y los factores que influyen en la demanda en un periodo de tiempo. La estacionalidad y la tendencia son la parte regular de la demanda y la aleatoriedad es la parte irregular. Esta es una de las partes que se deben identificar en el paso 1 del modelo de este libro: a más irregularidad, más difícil será la predicción de la demanda futura. Hay que tener en cuenta que una parte de la aleatoriedad la crea la propia empresa a través de promociones, variaciones en los precios, cambios en los productos, etc., en cambio, otros son ajenos a la empresa, como podría ser el efecto de la meteorología.

Dentro de las series temporales se encuentran las técnicas estadísticas que se pueden utilizar con los datos históricos para la previsión de la demanda, ya se ha comentado el uso de la media aritmética, un cálculo básico que podría ser suficiente para productos con poco valor y poca variabilidad (véase la figura 24). Para otras combinaciones de valor y variabilidad se pueden utilizar otros cálculos.

El promedio móvil utiliza los datos históricos de un periodo anterior amplio, dividido en intervalos. Es la media aritmética de los valores de la demanda real (pasada) de los últimos «n» intervalos.

La curva de previsión obtenida es más suave que la demanda real. Si se utilizan pocos periodos, los valores resultantes pueden ser exagerados. Por el contrario, si se utilizan más periodos, la estimación se suaviza. No es recomendable utilizar este método si hay estacionalidad o la pendiente de la tendencia es importante.

$$D' = \frac{D_{(t-1)} + D_t + D_{(t+1)}}{N}$$

El Alisado exponencial simple es adecuado en casos en los que existen problemas de previsión a corto plazo. Utiliza un coeficiente de alisado alfa (α). Si la demanda es estable, entonces α debe ser pequeño (sobre 0,1), pero si la demanda no es estable, α debe ser grande (sobre 0,9).

Este método solo necesita de tres tipos de datos: el pronóstico del último periodo, la demanda del último periodo y el coeficiente de alisado.

El método de alisado exponencial simple se utiliza para patrones de demanda con cierta aleatoriedad. Se pretende minimizar el impacto de los elementos irregulares históricos, enfocando tramos de demanda reciente. Por lo tanto, la ventaja sobre el método de la media móvil es que no necesita gran cantidad de datos para obtener resultados bastante fiables.

$$F_{t+1} = \alpha \times Dt + (1 - \alpha) \times F_t$$

F_{t+1} = Previsión del periodo.
α = Constante de suavización o Coeficiente de alisado (0,1).
D_t = Datos observación anterior.
F_t = Previsión del último periodo.

El método de Holt es más apropiado cuando existe una tendencia. Básicamente se trata del alisado exponencial simple más el cálculo de la tendencia. También requiere de dos constantes de suavización: alfa (α) para el cálculo del alisado y beta (β) para el cálculo de la tendencia, sus valores oscilan entre 0 y 1, aunque a nivel práctico varía entre 0,05 y 0,5. En este caso alfa funciona como se ha descrito en el método anterior y beta será elevado si se quiere dar más peso a los cambios de tendencia o menos elevado si se pretende suavizar la tendencia actual (datos recientes).

La intención es reducir el error entre la demanda real y el pronóstico. Para esto, primero se debe calcular el alisado y después la tendencia, como se ha mostrado anteriormente. Con estos dos datos se calcula el pronóstico:

$$F_{t+1} = F'_{t+1} + T_{t+1}$$

Existen otros métodos, pero en definitiva, el objetivo de este capítulo es conocer cómo el análisis del paso 1, especialmente en el tipo de producto y perfil de demanda, que puede ser segmentado, si fuese necesario, tal como muestra la matriz de la figura 24, y que para cada cuadrante de la matriz hay un método de previsión de la demanda que se puede adaptar, desde un cálculo estadístico simple (media aritmética), hasta otros cálculos más sofisticados que requieren más datos y periodos de muestra, y que deben estar apoyados por softwares para que sean eficientes, acabando por la combinación de dichos métodos de previsión de la demanda, completados con la información que se obtiene de los procesos de S&OP.

5.8 Identificar el modelo de cadena de suministro actual

Después de analizar la red de distribución, el transporte, la estrategia de inventario actual, la infraestructura, el sistema de planificación de la demanda, los productos y sus procesos, y la complejidad que aportan, la empresa está en condiciones para definir el modelo de cadena de suministro con el que opera la compañía y compararlo con el análisis realizado en el paso 1 para valorar la brecha que hay entre lo que necesita la clientela, la estrategia de la compañía y lo que la cadena de suministro puede ofrecer.

La identificación del modelo de cadena de suministro actual no es una tarea tan fácil o tan obvia como parece. Muchas empresas no han identificado su modelo de cadena de suministro, por lo que no tienen claro qué atributos de la cadena pueden entregar a un nivel alto y qué atributos pueden entregar a un nivel más bajo.

Para entenderlo mejor ayuda visualizarlo a modo de mapa, por lo que en la figura 27 se muestra un ejemplo.

En la figura 27 se observa un mapa con los distintos modelos de cadena de suministro y sus características. Este mapa se utilizó en el caso real de la empresa de productos químicos, y que se presenta a continuación.

Figura 27. **Mapa modelos de cadena de suministro.**

Ejemplo real

Utilizando la información obtenida en el análisis del paso 2, lo primero es situar el modelo de cadena de suministro actual en el mapa. La figura 28 indica dónde encaja el modelo analizado (señalado con un círculo rojo). Dicho modelo puede tener algunas características identificadas en otros tipos de cadenas de suministro, pero en este caso, la mayoría coinciden con el modelo de minimización de riesgos.

Foco en tecnología

INNOVADOR
(productos innovadores-proceso en evolución)

- Rápida implementación de las innovaciones
- Lanzamientos rápidos al mercado
- Eficaz manejando nuevos productos, cambios en procesos o cambios en la cadena de suministro
- El proceso se adapta al producto
- Habilidad para diferenciarse
- Proveedores con capacidad de innovación

Foco en costo

EFICIENCIA EN COSTOS
(productos funcionales-proceso estable)

- Altos volúmenes/grandes lotes
- Foco en la eficiencia de los recursos
- Maquinaria/equipos fiables
- Planificación y procedimientos rígidos
- Proveedores únicos, economía de escala
- Almacenes y fábricas centrales
- FTL
- Proveedores elegidos y enfocados por costo
- Diseño centrado en ahorrar costo

Foco en flexibilidad

RESPUESTA RÁPIDA
(productos innovadores-proceso estable)

- Plazo de entrega corto
- Responde a cambios en mix y demanda
- Personaliza/segmentación mercado
- Semifabricado, personalización al final
- Cerca del cliente
- Capacidad extra
- VMI
- LTL
- Diseños modulares, plataformas estándar

Mix flexibilidad /Servicio

ÁGIL (productos innovadores-proceso en evolución)

- Mezcla respuesta rápida y minimización de riesgos
- Foco en flexibilidad, pero comparten recursos
  con otras plantas para evitar roturas de *stock*
- *Stock* de seguridad
- Proveedor: rapidez y flexibilidad

MINIMIZACIÓN DE RIESGOS
(productos funcionales-proceso en evolución)

- Múltiples fuentes para componentes críticos
- Almacenes/fábricas regionales
- Alto *stock* de seguridad
- Comparten recursos/inventario con otras plantas
  Necesitan buena visibilidad ERP
- FTL-LTL

Foco en Servicio

Figura 28 **Mapa modelos de cadena de suministro.**

Luego hay que situar en el mapa las expectativas de la clientela, que se conocieron en el desarrollo del paso 1. Estas expectativas se pueden agrupar y colocar en el modelo de cadena de suministro en el que calzan mejor. Lo ideal es que todas las expectativas coincidan dentro del círculo rojo, que es la cadena de suministro actual de la empresa.

En este caso, el análisis de las expectativas de los cuatro mercados en los que la empresa está presente ofreció necesidades muy dispares. En uno, el precio era determinante, en otro no lo era en absoluto. En un mercado se requerían entregas en 24 o

Foco en tecnología

Innovación

INNOVADOR
(productos innovadores-proceso en evolución)

- Rápida implementación de las innovaciones
- Lanzamientos rápidos al mercado
- Eficaz manejando nuevos productos, cambios en procesos o cambios en la cadena de suministro
- El proceso se adapta al producto
- Habilidad para diferenciarse
- Proveedores con capacidad de innovación

Foco en costo

EFICIENCIA EN COSTOS
(productos funcionales-proceso estable)

- Altos volúmenes/grandes lotes
- Foco en la eficiencia de los recursos
- Maquinaria/equipos fiables
- Planificación y procedimientos rígidos
- Proveedores únicos, economía de escala
- Almacenes y fábricas centrales
- FTL
- Proveedores elegidos y enfocados por costo
- Diseño centrado en ahorrar costo

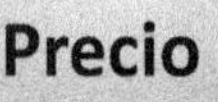

48 horas, en otro se trabajaba por proyectos y el plazo de entrega se podía conocer y programar con antelación; incluso, algunos mercados demandaban atributos de innovación y personalización. Este era el reto de estar presente en mercados diferentes.

Foco en flexibilidad

RESPUESTA RÁPIDA
(productos innovadores-proceso estable)

- Plazo de entrega corto
- Responde a cambios en mix y demanda
- Personaliza/segmentación mercado
- Semifabricado, personalización al final
- Cerca del cliente
- Capacidad extra
- VMI
- LTL
- Diseños modulares, plataformas estándar

Personalización

Mix flexibilidad /Servicio

ÁGIL (productos innovadores-proceso en evolución)

- Mezcla respuesta rápida y minimización de riesgos
- Foco en flexibilidad, pero comparten recursos
  con otras plantas para evitar roturas de *stock*
- *Stock* de seguridad
- Proveedor: rapidez y flexibilidad

MINIMIZACIÓN DE RIESGOS
(productos funcionales-proceso en evolución)

- Múltiples fuentes para componentes críticos
- Almacenes/fábricas regionales
- Alto *stock* de seguridad
- Comparten recursos/inventario con otras plantas
  Necesitan buena visibilidad ERP
- FTL-LTL

Entregas rápidas

Foco en Servicio

Figura 29. **Mapa de modelos de cadena de suministro con expectativas de clientes.**

Cuando se pretende entregar atributos para los que la cadena de suministro no está preparada, se genera un alto nivel de estrés y tensión en toda la cadena y en sus profesionales.

La figura 29 evidencia una falta de alineación entre la estrategia de la cadena de suministro y las expectativas de la clientela. Esta es la brecha.

Finalmente, la figura 30 muestra dos tipos de cadena de suministro, cada una con sus atributos ganadores de pedidos. Si lo que se puede entregar como atributo ganador es lo que demanda el cliente, la empresa está alineada, pero en caso contrario es necesario adaptar la cadena de suministro.

Cadena suministro	Ágil	Calidad confiabiliad	Plazo de entrega
	Eficiente	Calidad confiabiliad	Precio
		Importante para mercado	Ganador de pedidos
		Requisitos del mercado	

Fuente: Mason-Jones, Naylor &Towill, 2000.

Figura 30. Atributos ganadores de pedidos en la cadena de suministro.

Gracias a este ejercicio se puede mapear, de forma muy visual, si el modelo de cadena de suministro actual puede entregar al nivel adecuado los atributos demandados por el mercado, además de ayudar a identificar la brecha que la cadena de suministro debe cerrar. Este análisis es útil para que la dirección de la compañía entienda las potenciales brechas y ofrezca un claro punto de partida, a la vez que proporciona pistas sobre las cosas que se deben cambiar, ajustar o transformar en la cadena de suministro, para entregar, al nivel adecuado, los atributos que demanda la clientela y que caen fuera del círculo rojo.

Capítulo 6

Paso 3. Cerrar la brecha y rediseñar la cadena de suministro

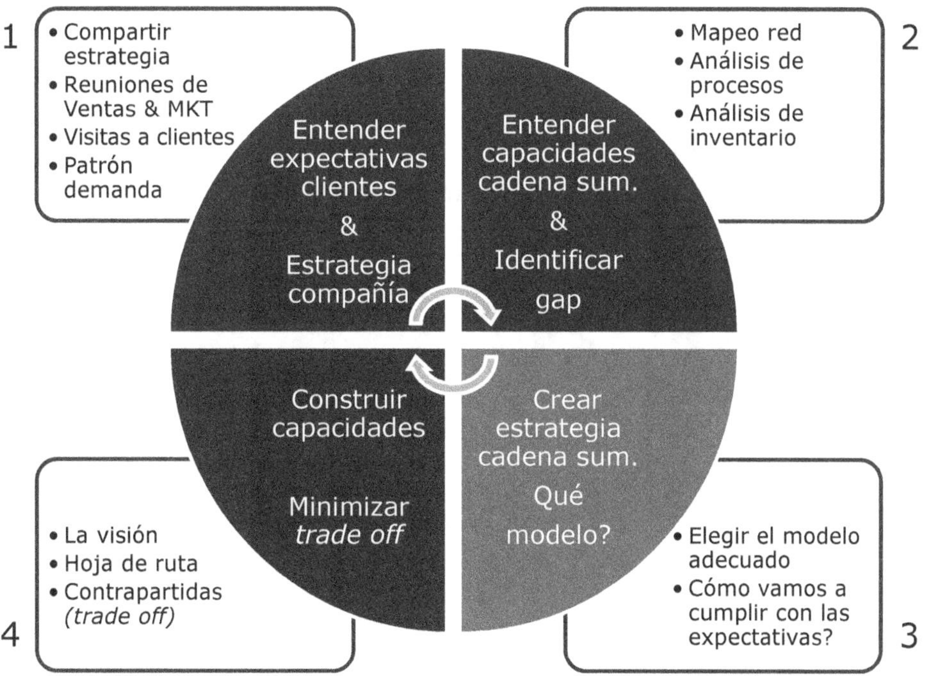

Figura 31. Modelo para alinear estrategias, Paso 3.

Durante el desarrollo de los dos primeros pasos se realizó un detallado análisis que permitió identificar una brecha entre lo que la cadena de suministro puede ofrecer, lo que la clientela espera y la estrategia de la compañía. Además, se comprobó si la cadena de suministro se adecúa al perfil de los productos y al patrón de la demanda.

Ahora es momento de decidir si se necesitan algunos ajustes o si, por el contrario, se debe realizar una transformación más profunda para cerrar la brecha y que la cadena de suministro esté completamente alineada con la compañía y con su clientela. Los análisis, las matrices y los mapas mostrados anteriormente indican qué atributos no se están entregando al nivel que esta espera. También permiten observar que diferentes modelos de cadenas de suministro entregan distintos atributos a diferentes niveles, por lo que debería resultar relativamente fácil decidir hacia qué tipo de cadena de suministro debe ir la compañía.

Es cierto que la cuestión se puede complicar si en la conclusión se evidencia que la empresa necesita al menos dos tipos de cadena de suministro, ya que las expectativas de la clientela difieren considerablemente y no pueden ser entregadas por un solo modelo, por lo que se debería segmentar la cadena de suministro, es decir, trabajar con dos cadenas de suministro diferenciadas.

Por ejemplo, los casos de transformación que más se dan, empujados por el B2C (venta al detalle y comercio electrónico e impacto de nuevos actores, como Amazon) tienen que ver con transformaciones de cadenas de suministro con un modelo eficiente a otros modelos más ágiles y de respuesta rápida.

Utilizando un extracto del mapa mostrado anteriormente, la compañía puede empezar a identificar los cambios a realizar.

Como se aprecia en la figura 32, para pasar a un modelo más flexible y enfocado al servicio (véase la figura 33), los cambios deben realizarse en toda la cadena, lo que implica una transformación.

En el aspecto logístico, ya no es suficiente esperar a tener camiones completos para optimizar costos de envío, ya que los puntos de destino de una cadena de suministro enfocada a servicio no esperarán tanto tiempo para recibir sus productos; de hecho, el volumen de sus pedidos será mucho menor, por lo que el transporte será mayoritariamente de grupaje. Adicionalmente, la compañía tendrá que evaluar si su proveedora de transporte, probablemente especializada en cargas completas, es la más adecuada para cargas agrupadas.

También se debe evaluar si es necesario cambiar la estrategia de un almacén central para pasar a pequeñas estructuras locales cerca de donde se ubica la clientela, como explica el caso real de la compañía de prendas y artículos deportivos que se muestra un poco más adelante.

Por otro lado, como se explica en el caso real del apartado 5.6, «Valoración de los indicadores (KPI)», el volumen de preparación de pedidos en el almacén aumentará considerablemente, por lo que habrá que revisar los procesos diseñados para la preparación de palés completos para verificar si son los adecuados.

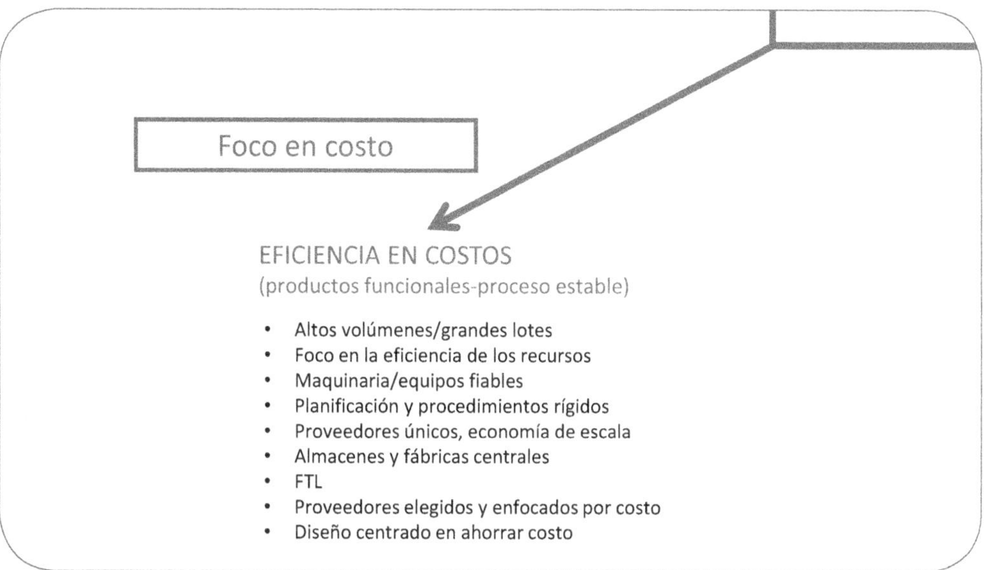

Figura 32. **Extracto del mapa de modelos de cadena de suministro centrado en los costos.**

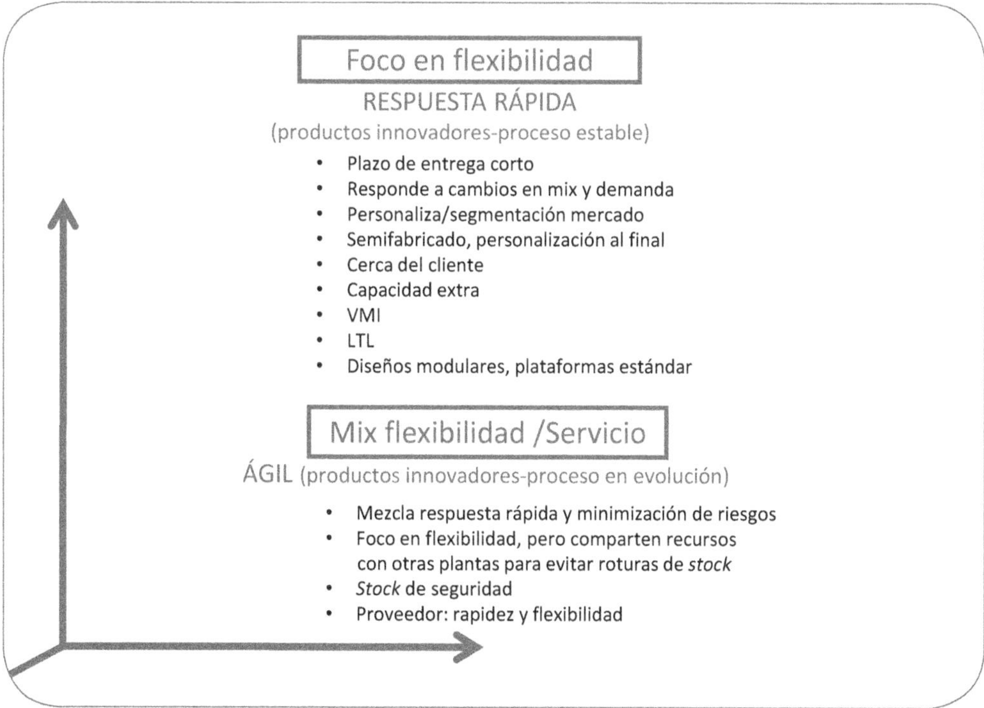

Figura 33. **Extracto mapa modelos de cadena de suministro, foco en la flexibilidad y el servicio.**

La planificación de la producción, que hasta el momento era estable y a largo plazo, tendrá que cambiar. Planificar lotes grandes de producción mantendrá los equipos productivos ocupados demasiado tiempo, por lo que, si la clientela compra pequeños lotes pero más a menudo, la producción debe ser más flexible, capaz de fabricar lotes pequeños de forma eficiente. A esto se le debe añadir que la dimensión del inventario tendrá que adaptarse, por lo que el método de previsión de la demanda ya no será eficaz.

La política de selección de empresas proveedoras será revisada, pues las seleccionadas por costo no acostumbran a tener la flexibilidad y respuesta demandada en un modelo de cadena de suministro enfocado al servicio.

El caso 1 y el caso de la empresa de productos químicos mencionado en el capítulo 5, «Entender las capacidades de la cadena de suministro e identificar la brecha

---

Caso 1. Presentado por Miguel Suárez en Barcelona, durante el European Supply Chain & Logistics Summit 2014

Una empresa de alimentación sirve a todos los mercados de Europa, para lo que cuenta con una fábrica en el centro del continente, ocho distribuidoras y cinco mil referencias. Los principales clientes son cadenas de minoristas. Las materias primas las adquiere a través distribuidores con unos dos meses de plazo de entrega.

Se trata de una marca de primera calidad, con poca innovación, un nivel bajo de inversión en mercadotecnia y un modelo de cadena de suministro eficiente.

Después de dos años de incrementos de precio, la clientela empieza a abastecerse de cadenas de descuento, por lo que la demanda baja y entran nuevas marcas en el mercado, copiando el surtido pero con precios más bajos. Entonces la empresa debe enfrentar la falta de materia prima debido a la especulación con los precios.

Las precisiones de sus previsiones bajan considerablemente, se doblan las faltas de disponibilidad de producto acabado, la obsolescencia se incrementa un 30 % y los costos logísticos aumentan casi un 10 %.

La empresa decide aumentar sus innovaciones y transforma su cadena de suministro en una cadena ágil.

con los clientes», muestran ejemplos de cómo ajustar o transformar las cadenas de suministro.

Con estos dos ejemplos se ilustra por qué y cómo transformar una cadena de suministro para alinearse con la estrategia de la compañía y con las expectativas de la clientela.

Pero la nueva estrategia no acaba cuando se elige el modelo de cadena de suministro al que se quiere llegar, pues una vez que se ha tomado esta decisión es necesario ocuparse de la parte más emocional, de las personas y la manera de relacionarse y comunicarse con otros departamentos, lo que incluye:

- Capacitación del personal ante la nueva estrategia.
- Relaciones entre proveedor interno con cliente interno.
- Relaciones interdepartamentales para un mismo proceso.

Además, para combatir los problemas de suministro se toman algunas medidas:

- Contratan el 20 % de los volúmenes de materias primas clave en el país de origen.
- Para el 80 % restante negocian inventarios en consignación con sus distribuidoras de materias primas.
- Introducen el control de inventario en empresas proveedoras y en algunas especializadas en embalaje.

Para combatir los problemas de incertidumbre en la demanda toman otras decisiones:

- Contratan un 15 % de capacidad adicional en las principales empresas subcontratadas.
- Con el fin de asegurar la demanda, se tiene mayor involucramiento en la comercialización de nuevos productos.

De esta manera, la compañía compró agilidad en el área de suministro, lo que le permitió controlar mejor la volatilidad del mercado, optimizando su servicio y sus problemas de inventario, todo a un costo extra de un 3 %.

Conclusión del caso de la empresa de venta de productos químicos

Como se ha visto en los mapas anteriores, el análisis de la empresa de venta de productos químicos mostró que los principales atributos demandados por los cuatro mercados en los que la empresa está presente eran muy dispares:

- Alta calidad.
- Bajo precio.
- Personalización.
- Entregas rápidas.

Además, la presencia en cuatro mercados diferentes requería productos con características diferentes que, al ser gestionados por la misma cadena de suministro, incrementaban considerablemente la complejidad en toda la cadena, aumentando los costos internos cada año.

La conclusión fue transformar la cadena de suministro en una cadena ágil, priorizando la flexibilidad y segmentando parte de la cadena, especialmente la fábrica y la planificación, entre productos no complejos (con altos volúmenes, fáciles de fabricar, estables, con muy pocos ajustes por calidad y con una demanda predecible) y productos complejos (con bajos volúmenes, con retos en la fabricación, muchos ajustes por calidad y demanda volátil).

Se optó por el concepto de dos fábricas en una, donde los productos de baja complejidad se producirían en la maquinaria estándar que ya se había adquirido, y para los de alta complejidad se invertiría en maquinaria específica.

Este ejemplo evidencia una situación extrema, ya que por un lado la clientela demanda precios competitivos, un atributo que encaja en un modelo de cadena de suministro eficiente y, por otro lado, otra parte demanda personalización o plazos de entrega muy cortos, que encajan en un modelo de cadena de suministro ágil y flexible, completamente opuesta.

La figura 29 guía a la compañía para establecer su estrategia de cadena de suministro. Sobre la base de cuán opuestas están las expectativas de la clientela respecto a los atributos entregados actualmente por la cadena de suministro, se necesitarán algunos ajustes, una transformación del modelo o se optará por una segmentación de la cadena de suministro.

Ejemplo de transformación de una multinacional de prendas y productos deportivos

La compañía que tradicionalmente operaba en Europa con un tipo de cadena de suministro eficiente, enfocada al costo como atributo principal, tenía sus productos en solo dos almacenes centrales en el continente. Cada almacén distribuía un número limitado de familias de productos y no todos los centros de distribución disponían de todo el catálogo de artículos que ofrecía la compañía.

La empresa, muy habituada a analizar las tendencias del mercado, observó que las necesidades del mercado estaban experimentando un cambio provocado por la explosión del comercio electrónico y por la entrada de compañías disruptivas como Amazon, por lo que los clientes empezaban a demandar rapidez. Sin embargo, el modelo de cadena de suministro eficiente con el que operaba la empresa no ofrecía ni flexibilidad ni rapidez para suplir esta nueva demanda.

En un mercado tan competitivo como el de prendas y artículos deportivos, la empresa, que ya había adoptado una estrategia omnicanal, tomó una decisión radical y optó por transformar su cadena de suministro a una organización más flexible y de respuesta rápida. Cambió su red de distribución y amplió considerablemente la de almacenes, adaptó algunos centros a las necesidades del comercio electrónico y dispuso todo el catálogo de productos en todos sus almacenes, que podían compartir inventario. De esta forma la compañía logró estar más cerca de la clientela y tener una disponibilidad de productos constante, atributo esencial para una estrategia omnicanal.

Este cambio aumentó los costos de la cadena de suministro y generó muchas discusiones internas, ya que la dirección de la compañía pretendía llevar a cabo la transformación de la cadena de suministro sin apenas aumentar los costos originales, algo extremadamente difícil de conseguir, pues ser rápido y flexible no es barato.

El mapa de figura 29, una vez completado, es una herramienta muy valiosa para hacer pedagogía en la dirección y el conjunto de la compañía, para hacer entender las contrapartidas y que no hay un solo modelo de cadena de suministro capaz de entregar todos los atributos demandables por el mercado.

6.1   Capacitación del personal

En el punto anterior se evidenció cómo se puede ajustar o transformar la organización de la cadena de suministro, pero ese movimiento no es suficiente para cerrar la brecha, pues todo cambio o transformación debe ir acompañado de su pertinente plan de comunicación y, por supuesto, de un plan de capacitación en los nuevos procesos. Cualquier reforma, por pequeña que sea, significa que algo se va a hacer de distinta manera, por lo que la compañía debe estar preparada para llevar a cabo esos cambios de manera eficaz y mantenerlos en el tiempo hasta la siguiente variación. La dimensión del plan de formación está ligada al tamaño de los cambios.

Es recomendable tener mecanismos que evalúen la eficacia de la formación. A menudo, el proceso de formación acaba una vez se ha impartido, pero no se evalúa si el personal ha asimilado las novedades y si pone en práctica de manera correcta los nuevos conocimientos o sistemas. Si esto ocurre y no se ha evaluado, la implantación de la nueva estrategia puede estar comprometida.

Las personas que trabajan en la empresa pueden estar capacitadas para hacer lo que se creía que era necesario, pero ¿están preparadas para afrontar nuevos retos?

En el caso de la empresa de productos químicos que se presentó como un ejemplo de una situación en la que la empresa invierte en nuevos procesos para manejar productos más complejos, es importante capacitar a todo el personal involucrado en esos nuevos procedimientos.

Asimismo, ese proceso requerirá una planificación muy específica para hacer frente a un tipo de demanda muy volátil. Por esta razón habrá que utilizar modelos de pronosticación de la demanda más avanzados que los utilizados hasta el momento, por lo que se manejarán datos diferentes, que no están basados en los históricos de la empresa, y que requerirán nuevas formas de análisis. Para esto también se necesitará una formación específica.

En el caso 1 se muestra el cambio a una gestión de inventario muy diferente, introduciendo el inventario administrado por la empresa proveedora o VMI. En este caso se tendrán que crear nuevos procedimientos y procesos que los empleados deberán aprender y asimilar. Asimismo, la cadena de suministro se involucrará más en los procesos de ventas, lo que a veces es un verdadero reto para el personal de operaciones, también deberán capacitarse para estos retos.

Los cambios en estos dos ejemplos muestran lo importante que es para el éxito final de la nueva estrategia, el identificar las necesidades de formación y capacitación e incluso la necesidad de nuevos perfiles de personas.

6.2 Alineación de todos los eslabones. Relación proveedor interno-cliente interno

Cuando hay nuevos procesos, nuevos modelos de gestión o nuevas estrategias, las necesidades internas también cambian, por lo que este es un buen momento para utilizar la matriz de necesidades internas. Con ello es posible asegurarse de que cada proceso entrega al siguiente paso justo lo que necesita y de la manera en que lo requiere, para así garantizar un flujo continuo y suave a lo largo de toda la cadena de suministro.

Se puede diseñar una nueva estrategia de la cadena de suministro perfectamente alineada con las necesidades del mercado, pero si no se consigue una alineación interna entre todos los eslabones de la cadena de valor, la nueva estrategia estará condenada al fracaso.

La figura 34 requiere realizar un trabajo en equipo y discutir las necesidades internas, a la vez que muestra un ejemplo de dos departamentos, donde ambos actúan como proveedor y cliente del otro, por lo que acuerdan lo que necesitan y lo

	Cliente	
	Aprovisionamientos	**Planificación**
Proveedor / **Aprovisionamientos**		1 Confirmación de las entregas de materiales 2 Informar retraso del proveedor 3 Informar cambios en plan en 24 horas
Proveedor / **Planificación**	1 Planificación estable 20 días 2 Conocer los cambios en 24 horas 3 Conocer retrasos en 24 horas	

Figura 34. **Matriz cliente-proveedor interno.**

reflejan en la matriz. De este modo no hay dudas ni malos entendidos. La matriz se completa con todos los departamentos del flujo del proceso.

Al trabajar con esta matriz, es habitual darse cuenta de que la comunicación entre los departamentos de la empresa no es buena. A menudo se descubre que un departamento desconoce la necesidad de su departamento cliente, o que el cliente desconoce por completo las limitaciones o dificultades que tiene su departamento proveedor para suplir sus necesidades.

Cuando todo esto sale a luz a través del uso de esta matriz, lo normal es que se desmonten varios prejuicios y asunciones erróneas, y se cree una corriente de empatía que ayuda a mejorar la colaboración entre departamentos y el flujo de los procesos.

Como se mencionaba en el apartado 5.6, «Valoración de los indicadores (KPI)», una parte fundamental en el proceso de alineación interna son los objetivos y los KPI. Una vez definidas las relaciones entre departamentos y la entrega de valor al siguiente paso, se deben definir los KPI que midan que todo el proceso está operando como se espera. Asimismo, es fundamental que los departamentos que interactúan entre sí compartan objetivos, pues plantear metas de manera aislada produce que los diferentes departamentos trabajen cada uno por su lado.

En ocasiones, la alineación de los KPI no es fácil. En la figura 28, para satisfacer a distintos mercados, la empresa química encuentra la necesidad de establecer costos bajos, pero, al mismo tiempo, debe ser ágil y rápida, por lo que, a la hora de decidir los indicadores y objetivos que se deben establecer, se encontrarán indicadores contradictorios o no alineados.

La solución que plantea el caso es segmentar la cadena de suministro, concretamente su fábrica, y se debe hacer lo mismo con los KPI.

La segmentación de la fábrica en este caso mostrará dos procesos diferenciados para dos tipos de producto: complejo y no complejo. No se puede esperar el mismo costo para ambos procesos.

El proceso de productos no complejos, más enfocado a productos funcionales, estables y robustos, obtendrá costos muy competitivos, más en línea con un tipo de cadena de suministro eficiente. En cambio, el proceso de productos complejos, más enfocado a productos innovadores (según la matriz de Fisher), obtendrá unos costos más altos, pero podrá fabricar lotes más pequeños y complejos de manera más eficiente.

Si se utiliza el mismo KPI de costo para toda la fábrica se obtendría una información que provocará lecturas erróneas del rendimiento de la fábrica y, por lo tanto, existirá un alto riesgo de tomar decisiones equivocadas.

La no alineación interna

Este es un caso típico de no alineación interna que puede afectar a la clientela y que puede detectarse mapeando el flujo (véase la figura 35).

Como atributo ganador de pedidos y principal propuesta de valor, una compañía decide tener sus existencias cerca del mercado al que sirve a través de almacenes o distribuidores que le permitan garantizar la entrega de los productos en 24 horas. Probablemente el departamento de logística medirá el porcentaje de pedidos entregados en 24 horas y fijará un objetivo que estime oportuno con base en las expectativas de la clientela; por ejemplo, un 97 % de cumplimiento.

Puede darse el caso de que para el departamento de finanzas, uno de los principales indicadores sean los días de inventario o el valor del capital inmovilizado, con el objetivo de reducirlos constantemente. Aquí hay un conflicto a la vista y si esto ocurre en una empresa donde el departamento de finanzas tiene más poder que la cadena de suministro, acabarán imponiéndose los criterios financieros de reducción de inmovilizado, penalizando el servicio, que era, *a priori,* la principal propuesta de valor de la compañía. La solución en este caso es que ambos departamentos se alineen, cooperen y equilibren sus KPI y sus objetivos.

Es recomendable mapear este proceso después de trabajar la matriz con todos los departamentos, de esta manera se obtiene un procedimiento acordado por todos, que fuerza al compromiso del mismo. Como ejemplo, la figura 35 muestra un extracto de un mapeo de alineación interna para una parte de la cadena de valor.

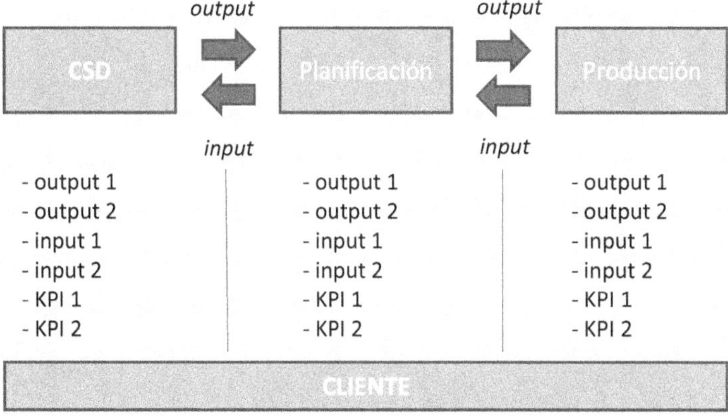

Figura 35. **Extracto de mapeo de alineación interna.**

Procesos	S&OP	Lanzamientos
Finanzas	Sí	
Ventas	Sí	Sí
RRHH		
Compras	Sí	Sí
Producción		Sí
Marketing	Sí	Sí *(owner)*
Logística		Sí
Planificación	Sí *(owner)*	Sí
CSD		

Figura 36. **Matriz de funciones cruzadas.**

Es necesario asegurar que las relaciones interdepartamentales para cada proceso están bien definidas, ya que cada departamento de la compañía debe conocer con qué otros departamentos debe interactuar en cada proceso. Por lo tanto, se debe establecer la manera en la que se integran todas las funciones para conseguir una colaboración horizontal. De esta manera, todas las personas podrán conocer su papel en cada proceso y la forma en la que deben colaborar. Así se evitarán los silos o compartimentos estancos en el trabajo.

Capítulo 7

Paso 4. Construir las capacidades y la implantación

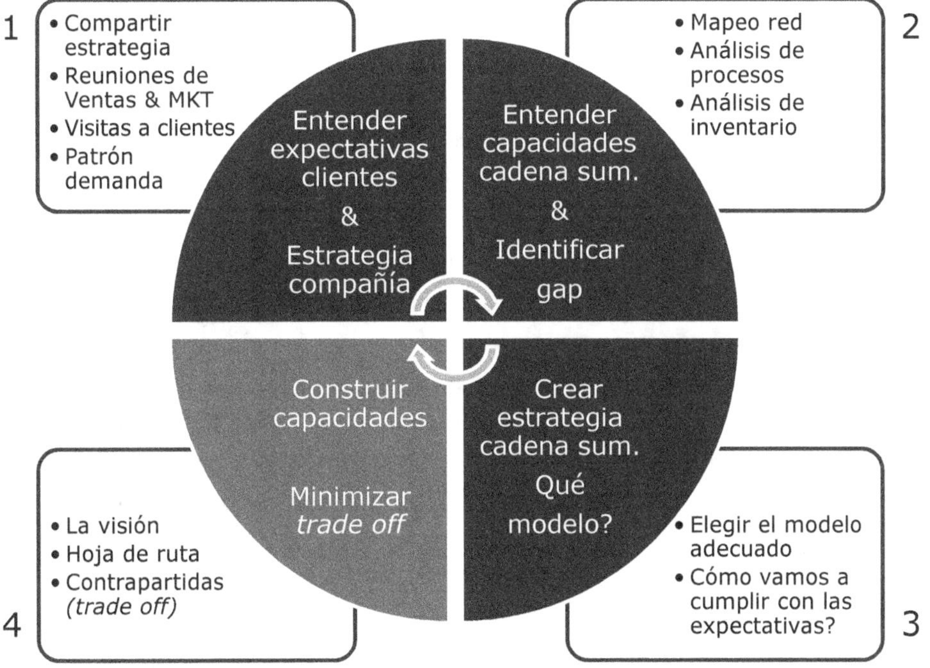

Figura 37. Modelo para alinear estrategias. Paso 4.

Este es el último paso del modelo de alineación de estrategias. A estas alturas ya se ha decidido lo que la empresa va a hacer y se ha diseñado la nueva estrategia para la cadena de suministro, por lo que se tiene una visión de lo que se quiere lograr.

Es recomendable que la visión se pueda explicar de manera sencilla y entendible para toda la compañía. Aunque cada empresa tendrá una forma de hacerlo,

Plan	Proveedor	Fábrica	Almacén	Transporte
• S&OP • Visibilidad demanda • Planificación flexible • Planificación visible • Balancear complejidad producción	• MP alternativas • Visibilidad plan proveedores, alinear estrategias • Plazo entrega corto • Fiabilidad inventario	• Lean • Segmentación producción • Capacidad sobrante • Producción según demanda • Cambios rápidos • Categorizar complejidad • Personal versátil • Máquinas fiables	• Inventario saludable • Cerca del cliente (24-48 horas) • Lean • Personal versátil • Fiabilidad inventario • Automatizar tareas administrativas	• Grupajes a cliente final • Camión completo a almacén regional • Rutas para *clusters* de clientes • Transporte socio • ADR legislación

Figura 38. Ejemplo de visualización de la estrategia de la cadena de suministro de una empresa.

en la figura 38 se muestra la manera en que la empresa de venta de productos químicos lo hizo.

En este caso se dividió la cadena en cinco eslabones, se especificaron los atributos que cada uno debería desarrollar para transformarse en una cadena de suministro más ágil, se destacó con color verde lo que se consideró implantado y funcionando, y de color rojo lo que todavía no estaba implantado o funcionando correctamente.

Este código de colores fue muy útil para conocer de un solo vistazo el grado de implantación de la estrategia. De igual manera, cuando cada año se elijan proyectos para desarrollar, se podrán tomar medidas que aborden los aspectos en rojo.

Solo queda llevar a cabo el plan. No hay que olvidar que varios estudios revelan que el éxito del negocio es 25 % estrategia y 75 % ejecución.

Una posible explicación de por qué las empresas fallan en la ejecución de las estrategias se muestra en la figura 39, en la que se observa un estudio de la Escuela de Negocios de Harvard. Después de entrevistar a una amplia población de ejecutivos, estas fueron las respuestas más repetidas.

Las respuestas reflejadas que se reflejan en la figura 39 son muy significativas. Los ejecutivos entrevistados coinciden en que el mayor obstáculo para la implementación exitosa de una estrategia tiene que ver con la comunicación y su efectividad; es decir, ni se hace una comunicación completa ni se consigue enganchar a los empleados a la estrategia.

En cambio, todos los factores que tienen que ver con las actitudes y con el desempeño de las personas varían en la importancia del obstáculo, pero quedan muy

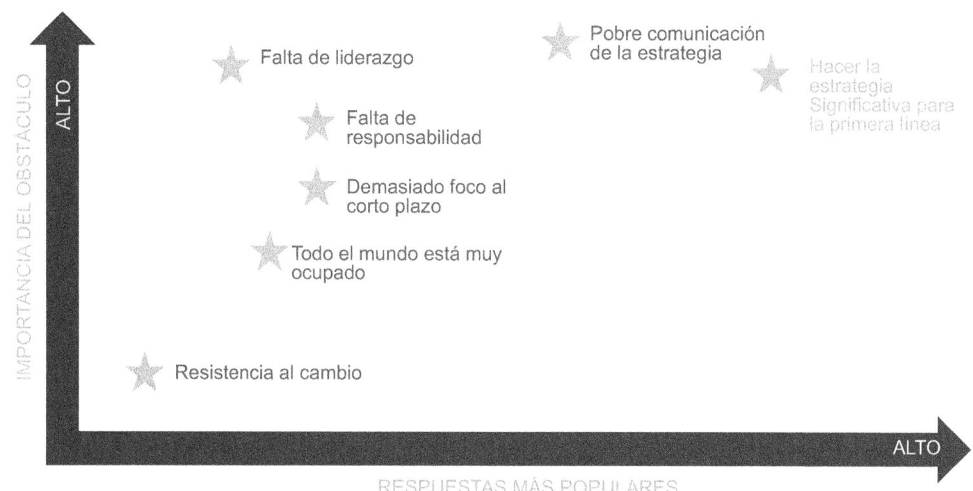

Fuente: Escuela de Negocios de Harvard.

Figura 39. Obstáculos para la ejecución de la estrategia.

lejos de ser las causas principales del fracaso en la implantación de la estrategia. Incluso, la falta de liderazgo identificada como un obstáculo importante está directamente ligada con la capacidad de comunicación del líder.

Es evidente que una comunicación efectiva de la estrategia es crucial para su éxito. A menudo se piensa que es suficiente con comunicar la estrategia a todos los niveles, pero lo cierto es que la mayoría de las empresas se olvidan de enganchar, ilusionar y emocionar a las personas que trabajan en la compañía y de habilitarles para la ejecución de la estrategia.

El esquema desarrollado por Glenn Price y Terry Reynolds en su libro *Drivers*, que se presenta en la figura 40, da las pautas para pasar de la estrategia a la ejecución.

El esquema muestra cómo combinar el aspecto racional y el emocional en el diseño y la ejecución de una estrategia. El aspecto más difícil de conseguir es el emocional y, por lo general, ese es el aspecto donde se encuentran las brechas en las compañías, pues es lo que habitualmente se descuida.

En el esquema de Price y Reynolds se identifican cuatro etapas, dos son racionales (establecer la dirección y habilitar y ejecutar), mientras que las otras dos son emocionales (enganchar y emocionar, y mantener el impulso).

Seis de los doce elementos mostrados en la columna derecha de la figura 40 se encuentran bajo el concepto de «crear el contexto», más enfocado en establecer la dirección de la compañía, los objetivos y proyectos. Los otros seis se

Fuente: Glenn Price & Terry Reynolds.

Figura 40. Los 12 impulsores de la ejecución de la estrategia.

enfocan en «impulsar el desempeño», referido a llevar a cabo la visión y obtener los resultados.

Los elementos racionales son objetivos y metas que deben ser completados y conseguidos. Se trata de la parte más tangible y medible, la más visible y fácil de demostrar por parte de los líderes que implantan la estrategia. En cambio, la parte emocional no es un número que se debe alcanzar, sino algo etéreo; la motivación no se puede reflejar en un gráfico o en una tabla de KPI.

La parte emocional requiere de atención constante y de refuerzo, especialmente positivo. A continuación se desglosa el funcionamiento del esquema de la figura 40:

a) **Establecer la dirección**

   Ya se ha comentado que este es el punto de partida y que se debe dedicar el tiempo necesario para establecer una buena base para toda la compañía. Esto incluye:

   • **Visión (racional)**

   Debe expresarse de una forma sencilla y visible, ya que informa hacia dónde quiere ir la empresa. Se debe tener en cuenta que la visión va a ser distribuida a todas las personas de la compañía con diferentes niveles de formación, por lo tanto, no se debe caer en el error de presentar una visión sofisticada, sino que tiene que ser entendible por todo el personal. Un buen ejemplo se muestra en la figura 38.

- **Estrategia (racional)**
  Dentro de su indudable dificultad, establecer hacia dónde quiere ir la compañía es la parte fácil de la estrategia. La mayoría de empresas tienen problemas para establecer cómo se va a llegar hasta allí, cuáles son las iniciativas a desarrollar, cómo se relacionan entre si los diferentes departamentos y qué responsabilidades tiene cada uno de los empleados.

- **Evaluación (racional)**
  ¿Es la estrategia realista?, ¿el personal de la compañía cree que es factible?, ¿las personas que trabajan en la empresa están convencidas de que será un éxito?, ¿creen en ella? A menudo la dirección explica y transfiere la estrategia a todos los niveles de la compañía y da por hecho que todo el personal la entiende y que automáticamente va a creer en ella, pero no hay nada más lejos de la realidad. Antes de empezar la implantación de la estrategia, es importante recoger opiniones y asegurar que el despliegue de la estrategia ha sido un éxito.

b) **Enganchar y emocionar**
   Esta es la parte del esquema más olvidada por las compañías a la hora de establecer la estrategia e incluye:

- **Querer creer (emocional)**
  Las personas necesitan creer en la estrategia, tanto las que diseñan como las que tienen que llevar a cabo. Los líderes deben emplear el tiempo necesario y obtener las habilidades para comunicar, explicar, reiterar y persuadir. Si los líderes pueden mostrar los hitos ya conseguidos en el camino hacia donde la empresa se dirige, el destino será más deseable. Esto es refuerzo positivo.

- **Desear (emocional)**
  Aunque las personas crean que la estrategia es buena para la compañía, no es extraño encontrar que parte del personal piensa que esto representa más

trabajo por el mismo salario. Es cierto que en muchos casos vincular el programa de incentivos a la implantación de la estrategia y a la consecución de sus objetivos ayuda al éxito de la misma, pero la deseabilidad no solo está impulsada por el aspecto económico. Las personas necesitan entender por qué se inicia una estrategia, qué significa para ellos, cómo les va a impactar individualmente y qué se espera de ellos, así como las implicaciones que existirán en caso de que no se consigan los resultados deseados.

- **Comunicar (emocional)**

  Como se ha comentado anteriormente, la comunicación efectiva es uno de los retos más comunes en todas las compañías. La mayoría de las comunicaciones de estrategia se limitan a explicar la misma, pero no se enfatiza en por qué se hace, cómo afectará al día a día del personal y cómo se debe ejecutar. Enganchar al personal con la estrategia a través de una comunicación efectiva y de 360° acelera la posibilidad de que el mensaje sea entendido y asimilado.

c) **Habilitar y ejecutar**

Aunque se haya conseguido una buena alineación en el apartado de crear el contexto, la compañía debe asegurar que los tres próximos aspectos racionales son adoptados por el personal y que cada quien entiende sus responsabilidades, tiene claro el rol que debe jugar, cuenta con las habilidades y formación requeridas y ha considerado la tecnología y las mejoras operacionales para acelerar la consecución de los resultados deseados. Esto abarca:

- **Plan de acción (racional)**

  La compañía debe definir, de ser posible, en consenso con los departamentos implicados, qué actividades se deben realizar, quién las lleva a cabo, cuándo y su ruta de implantación. También debe identificar los recursos que se necesitan y las barreras potenciales; además de establecer un sistema de seguimiento y KPI para asegurar que la estrategia se mantiene en el camino correcto y, si no es así, tener la capacidad de aplicar acciones correctoras a tiempo.

- **Desarrollar las capacidades (racional)**

  Tal como se explica en el punto 6.1, Capacitación del personal, se debe definir si la empresa cuenta con las personas adecuadas en el puesto correcto y si tienen los conocimientos y habilidades necesarios para alcanzar los resultados deseados. Lo que antes era satisfactorio y tenía un buen encaje, hoy, con una nueva estrategia e iniciativas, puede no serlo.

- **Proceso y tecnología (racional)**
Una estrategia brillante puede colocar a la compañía en una posición muy competitiva, pero solo si existe una buena ejecución permitirá a la empresa permanecer. No solo es suficiente diseñar e implantar los procesos y procedimientos necesarios, también se debe establecer un sistema de evolución y seguimiento de los mismos. Otro aspecto importante es evaluar la tecnología necesaria tanto de información como de ejecución, para facilitar y acelerar la implantación de la estrategia.

d) Mantener el impulso
Uno de los aspectos más difíciles en la estrategia es mantener el foco. Esto se debe a que las estrategias acostumbran a diseñarse a medio plazo, a uno, tres o cinco años, lo que significa un periodo de tiempo muy largo y la tentación de perder el foco por creer que todo lo que ya está encauzado es grande. En este caso se debe tener en cuenta:

- **Energía y visibilidad (emocional)**
Uno de los errores más comunes de los líderes en cualquier compañía es no mantener la energía en el proyecto. Por lo general, los proyectos se lanzan con mucha fuerza en reuniones específicas, pero poco a poco la energía va disminuyendo. Los líderes deben ser capaces de mantener su propia energía y la de sus equipos, deben evaluar e informar periódicamente a las personas involucradas del estado del proyecto, reconducir si es necesario y celebrar o premiar si hay progresos para mantener la motivación y el deseo. El líder debe ser muy visible, salir de su oficina y actuar con el ejemplo.

- **Responsabilidad (emocional)**
La compañía debe empoderar a su personal para la consecución de la estrategia, crear una cultura de compromiso y responsabilidad, delegar responsabilidades, enseñarles a fijar y respetar las prioridades, capacitarlos para que tomen decisiones, y permitirles equivocarse, ya que, si una persona es reprimida de forma no constructiva, al primer error que comete, se paralizará y no tomará más decisiones que *a priori* no entraban en la descripción de su puesto de trabajo, ralentizando o incluso frenando la implementación de la estrategia.

- **Mejora continua (emocional)**
  La estrategia debe revisarse continuamente y actualizarse cuando sea necesario. La alineación debe ser evaluada periódicamente y los proyectos e iniciativas elegidos deben ser revisados para asegurar que siguen siendo los adecuados. Las necesidades del mercado cambian más rápido que las organizaciones, por lo que la estrategia es algo vivo que puede mejorarse.

Las personas desean contribuir al éxito de la compañía, pues se genera un beneficio mutuo. Si la empresa tiene éxito, lo normal es que los puestos de trabajo estén garantizados y las condiciones sean más favorables. Por lo tanto, una forma de mantener la motivación y el compromiso con la estrategia es mostrar al personal la forma en que su trabajo está contribuyendo al éxito de la estrategia. Esto da un sentido a los trabajos, especialmente al personal de base, cuyas labores acostumbran a ser más rutinarias y a menudo percibidas como de menor importancia, aunque en realidad la empresa no podría funcionar sin él.

Una forma de visibilizar su contribución y, por lo tanto, reforzar su compromiso se observa en la figura 41.

La estrategia de la compañía se divide en diversos elementos tácticos para facilitar su funcionamiento. Lo mismo ocurre con la cadena de suministro; una vez definida una estrategia, se deben poner en marcha algunas iniciativas que hay

Figura 41. Visualizar la contribución de las personas que trabajan en la compañía para alcanzar la estrategia.

que llevar a cabo. Tal como indica la figura 41, relacionar la iniciativa de la cadena de suministro que apoya a cada elemento de la estrategia de la compañía da sentido al trabajo de las personas que colaboran en esas actividades.

Otro punto importante y que no se debe olvidar son las contrapartidas. Como ya se ha comentado en capítulos anteriores, si se va a implantar una estrategia de la cadena de suministro que va a entregar unos atributos concretos, hay que identificar claramente cuáles serán las contrapartidas; es decir, aquellos atributos que se entregarán a menor nivel.

En el caso 1, la contrapartida fue el aumento del costo al pasar de una cadena eficiente a una ágil, incrementando sus innovaciones y contratando capacidad adicional en las empresas subcontratadas. Ese fue el precio para garantizar el suministro.

Es fundamental que toda la compañía entienda y asuma la idea de que esas contrapartidas son el precio a pagar para entregar los atributos que van a hacer ganar pedidos por parte de la clientela, y que no se puede trabajar con la idea de bueno-bonito-barato, pues solo entendiendo y aceptando las contrapartidas, se podrá trabajar para minimizarlas lo máximo posible, pero sin dañar la ventaja competitiva.

De igual manera, las contrapartidas no pueden ser una excusa para las cadenas de suministro. El hecho de que se ofrezca alta calidad y entregas rápidas tiene un precio y no quiere decir que no se pueda seguir trabajando para reducir el costo, como en el ejemplo del caso 1.

Capítulo 8
Sumario del proceso

Al llegar a este punto ya se ha completado el modelo de cuatro pasos, se han identificado las expectativas de los clientes, se tiene clara la estrategia de la compañía, el patrón de la demanda, el perfil de los productos y la complejidad de los productos-procesos.

También se ha analizado la cadena de suministro, se conoce perfectamente su rendimiento, queda claro qué atributos se entregan a gran nivel y a menor nivel, y se ha identificado la brecha entre la estrategia de la cadena de suministro con la estrategia de la compañía y las expectativas de la clientela. Se tiene claro dónde está la compañía y el punto de partida.

Sobre la base de lo anterior se ha rediseñado la estrategia de la cadena de suministro, con algunos ajustes o con una transformación profunda, con el único objetivo de cerrar la brecha detectada. Ahora se sabe a dónde se quiere ir y qué se debe hacer para llegar a ese punto, es decir, se tiene clara la hoja de ruta y la visión.

Finalmente, se han identificado y explicado las contrapartidas, se ha conseguido que toda la compañía las entienda y las acepte como tal, y se ha empezado a trabajar para reducirlas al máximo. Se tiene un plan para ejecutar la estrategia, se han valorado los aspectos racionales y emocionales de la misma para asegurar que toda la compañía está comprometida, se cuenta con un sistema de indicadores alineado que permitirá obtener la información correcta para tomar las decisiones adecuadas, lo que permitirá ir ajustando el plan de implantación para asegurar que la empresa llega al destino final con éxito.

¿Quiere decir esto que ya se ha terminado el proceso? No. Ahora es el momento de la mejora continua. Al inicio del libro se hizo referencia a que el modelo empleado para alinear estrategias recordaba al ciclo PDCA de mejora continua y esto es precisamente lo que hay que poner en marcha. La única manera de lograr que la compañía no se estanque y de evitar perder posiciones ante los competidores es cuestionar el propio status quo y mejorar constantemente, pues siempre hay una oportunidad de entregar más calidad, de reducir los costos o de sorprender a los clientes con una innovación.

El modelo presentado no es de un solo uso, pues los mercados, las necesidades de los clientes, los competidores y, en definitiva, el mundo, cambia cada vez más rápido, por lo que tal vez mañana ya no esté alineado todo lo que hoy se logró alinear. Por este motivo, es muy saludable usar este modelo para evaluarse cada cierto tiempo, para asegurar que se detecta, en su fase más prematura, la creación de una nueva brecha.

Capítulo 9
Casos prácticos

En 2017, en el Supply Chain Management Strategies Summit que se llevó a cabo en Berlin, Thierry Gaudet, VP Supply Chain & Industrial Operations en Michelin, explicó cómo la compañìa se enfrenta a las marcas de neumáticos asiáticos con precios mucho más bajos que ellos.

Michelin entendió que con su actual estructura, costos y enfoque a productos de calidad, y con su actual cadena de suministro, no podía fabricar neumáticos de bajos precios para luchar con sus competidores asiáticos, pero que precisamente su experiencia, tecnología, personal y conocimientos, podrían ser una diferenciación en caso de igualar o acercarse mucho a los costos asiáticos.

Para eso creó una unidad de negocio paralela, con su propia cadena de suministro y sus propias marcas.

Para diseñar su nueva unidad de negocio se realizó un estudio completo que encajaría en el paso 1 del modelo presentado en este libro. Algunos aspectos que se analizaron fueron:

- Entrevistas con clientes para identificar retos y oportunidades.
- Mapeado de la competencia.
- Mapeado de la red de distribución.
- Simulaciones financieras.
- Colaboradores o socios potenciales.

Con toda la información obtenida se diseñó una cadena de suministro que garantizara bajos costos, una cadena de suministro fiable y cortos plazos de entrega.

Así se identificaron los factores de éxito para ese modelo: flexibilidad, *stock* bajo y uso de toda la capacidad de la fábrica.

De esta manera se establecieron los principios de la cadena de suministro:

- Estandarización de los productos.
- Contratos con clientes que reservan capacidad con base en una previsión pactada.
- Fabricación bajo pedido.

Y se definieron unos procesos básicos:

- Diseño de productos que permitan maximizar la flexibilidad.
- Revisión mensual de la demanda.
- Planificación mensual de la capacidad de las fábricas.
- Compromiso con la reserva de capacidad de producción y minimización de cambios.
- Reserva del inventario por orden de llegada de pedidos.
- Logística y camiones completos.

A través de este nuevo modelo de negocio y con nuevas marcas, Michelin se acercó o igualó los precios de sus competidores asiáticos.

Diferentes estrategias (marca *premium* y segundas marcas) requieren diferentes cadenas de suministro.

9.2   El caso de la empresa de productos químicos

Como el caso se ha desarrollado a lo largo del libro, a continuación se resume y se muestran todos los pasos consecutivos.

Se trata de una empresa química fabricante de productos líquidos para la protección de superficies, presente en cuatro mercados distintos: marino, decoración, estructuras y yates de lujo. Cuenta con una fábrica y tres almacenes, con un surtido de 1.800 referencias y un volumen bajo de venta, alta complejidad y costos que incrementan cada año.

Los cuatro mercados en los que la empresa está presente demandan atributos ganadores diferentes. Mientras en un caso el precio es determinante, en otro es la personalización; mientras en un mercado el plazo de entrega es prácticamente inmediato (24 o 48 horas) en otro no es determinante, ya que trabaja por proyectos y los plazos de entrega se pueden planificar con tiempo.

La empresa utilizó las matrices de Fisher y Lee (véase la tabla 2) para analizar el patrón de la demanda. Después de ver las expectativas de la clientela, la compañía gestionaba tanto productos funcionales como innovadores, por lo que debe gestionar cada tipo de productos con modelos de cadena de suministro distintos.

La propuesta de valor de la empresa, lo que transmitía a la clientela y lo que esta percibía eran productos de alta calidad, fabricados con materias primas de calidad por encima de la media, por lo tanto, más caras y con un nivel de servicio muy alto. Sin embargo, la crisis económica que inició en 2008 provocó que la compañía se viera obligada a tener un control de costos muy estricto, lo que entró en conflicto con su propuesta de valor.

La cadena de suministro actual de la compañía encajaba con el modelo de minimización de riesgos, con un proceso de fabricación por lotes, con equipos generalistas poco automatizados y con una alta intervención de personas. El modelo estaba diseñado para altos volúmenes y una variedad de productos media, pero manejaba un surtido muy amplio, de distintos productos, con volúmenes variables y una altísima complejidad de producción, algo menor en el aspecto logístico. Su red de almacenes y nivel de inventario garantizaba la entrega en el tiempo estipulado por el cliente (generalmente 24-72 horas), aunque con un nivel de inventario por encima de la media y un nivel de productos de baja rotación más alto de lo deseable. Por lo general, sus producciones eran contra inventario y sobre un 15 % contra pedido; en lo que respecta al transporte, la modalidad habitual era el grupaje mediante camión.

El análisis de las estrategias de la cadena de suministro y la estrategia de la compañía sobre las expectativas del cliente evidenció una brecha considerable entre ambas, pues tenía varios mercados con diferentes expectativas, gestionados por una sola cadena de suministro. La situación mostrada en la figura 29 tensionaba la cadena de suministro considerablemente al intentar entregar atributos a un nivel para el que la cadena de suministro no estaba preparada. Además, esta situación provocaba una complejidad, especialmente en su fábrica, que hacía incurrir en costos más altos que la media; todo esto en una situación interna en la que la compañía necesitaba controlar los costos de forma intensa.

Por estas razones, la empresa decidió abrazar la complejidad como una oportunidad de diferenciarse en el mercado y rediseñó la estrategia de la cadena de suministro, transformándola en una cadena de suministro más ágil y flexible. La figura 38 muestra los atributos que cada eslabón de la cadena debe cumplir para ganar la flexibilidad deseada.

Al mismo tiempo, decidió segmentar su proceso de fabricación, utilizando el concepto de dos fábricas en una *(factory within factory)*, que divide la fábrica en dos partes: una para productos funcionales y otra para productos innovadores (según matriz de la tabla 2).

Como los equipos productivos eran generalistas, ideales para el tipo de productos funcionales, la compañía decidió mantenerlos para el área de baja complejidad e invirtió en nueva maquinaria, más adecuada para productos más complejos de volúmenes más bajos y variables, menos estables y con una especificación de calidad más estrecha. Asimismo, las dos partes de la fábrica se planificaban de manera distinta usando dos métodos distintos de previsión de la demanda: la parte funcional de baja complejidad usaba un método básico estadísticamente hablando y nivelando la producción, estableciendo una cantidad constante de producción cada semana para diferentes productos; mientras la parte más compleja usaba un método de previsión de la demanda más sofisticado, que tenía en cuenta la estacionalidad y la irregularidad en la demanda, pero para mejorar la eficacia de estas previsiones también era fundamental desarrollar un proceso de S&OP.

Aunque en este caso todavía no se tienen resultados finales, la segmentación de la fábrica arroja reducciones de costos del 20 %, a la vez que mejora de manera radical el plazo de fabricación de los productos de alta complejidad.

De esta manera se evidencia que la cadena de suministro puede y debe ser un centro de creación de valor dentro de la compañía y que la percepción de ser un centro de costo pertenece al pasado. En este caso, la alineación de la estrategia de la cadena de suministro está consiguiendo conjugar la necesidad interna de la compañía de controlar los costos, con la habilidad de entregar diferentes expectativas a diferentes mercados, permitiendo a la empresa diferenciarse de las competidoras de una manera sostenible.

9.3   El caso de FilterPlus

FilterPlus es una multinacional estadounidense que fabrica filtros industriales para el control medioambiental de empresas de cemento, asfalto, acero, fundiciones, incineradoras, negro de humo, etc.

Con una fábrica en Panamá para servir al mercado centroamericano, fabrica dos tipos de producto: filtros pulse jet y filtros de aire reverso, ambos con muchas variedades.

Los filtros pulse jet se fabrican con tejidos estándares, los pedidos son de volumen muy variable, generalmente bajos, y con diseños muy variados.

Los filtros de aire reverso se elaboran con tejidos más técnicos, con costo más elevado. Los pedidos son de volumen estable, generalmente mediano o grande y con diseños similares.

La fábrica trabaja contra pedido, no hay inventario de producto acabado y los filtros que produce se hacen a la medida de cada cliente.

Su sistema de fabricación es flujo por lotes, con bastante incidencia del personal y poca automatización, por lo que pueden fabricar varios pedidos a la vez, pero en paralelo. El sistema de fabricación provee una buena flexibilidad, pues puede insertar en el plan de producción pedidos urgentes, aunque generando inconvenientes en el inventario en proceso y retrasando el plazo de entrega de otros pedidos. También provee un alto nivel de innovación, ya que su maquinaria es generalista, pero muy enfocada a estos tipos de filtro. Sin embargo, incurre en costos elevados.

La batalla de costos que presentan varios competidores y la cada vez más marcada estacionalidad del mercado provoca que la empresa no absorba costos durante la temporada baja y que luego sea difícil recuperarlos durante la temporada alta.

Para combatir esta situación, la compañía pretende ganar una cuota de mercado, especialmente en la temporada baja, ofreciendo precios más competitivos, pero manteniendo su calidad (muy bien valorada por el mercado). Para esto se deben reducir los costos de fabricación.

En Panamá la compañía no tiene mucho poder de inversión, por lo que los potenciales cambios deben hacerse con poco dinero, manteniendo la actual maquinaria.

La propuesta inicial fue transformar el sistema de flujo en lotes a un sistema similar al de flujo en línea acompasado por el operario.

Durante el análisis de los productos se concluyó que los filtros pulse jet no son muy adecuados para el sistema de flujo en línea, debido a que sus volúmenes son muy variados y generalmente bajos; en cambio, los filtros de aire reverso parecen adecuados para el flujo lineal.

La decisión final fue segmentar la fábrica, mantener un sistema de flujo en lotes para filtros pulse jet y crear un sistema de flujo en línea acompasado por operarios para filtros de aire reverso.

Con el objetivo de llevar a cabo la nueva estrategia de fabricación, se cambió por completo la distribución de la fábrica. Para crear la línea de fabricación de filtros de aire reverso se construyeron cintas transportadoras con rodillos que se movían por inercia, que transportaban cada filtro en cubetas de una unidad, de una estación donde se encontraba una persona a la siguiente. Cada estación tenía como máximo tres unidades en espera, aunque por lo general el flujo era de una pieza. Este diseño de línea tenía conceptos del sistema justo a tiempo, ya que cada operación tenía un valor añadido, reduciendo considerablemente cualquier despilfarro a lo largo de la línea.

La figura 42 muestra la organización de la fábrica después del cambio.

Como resultado de esta transformación, el costo general de la fábrica se redujo un 45 % y se generó un 10 % de capacidad extra con los mismos recursos, por lo

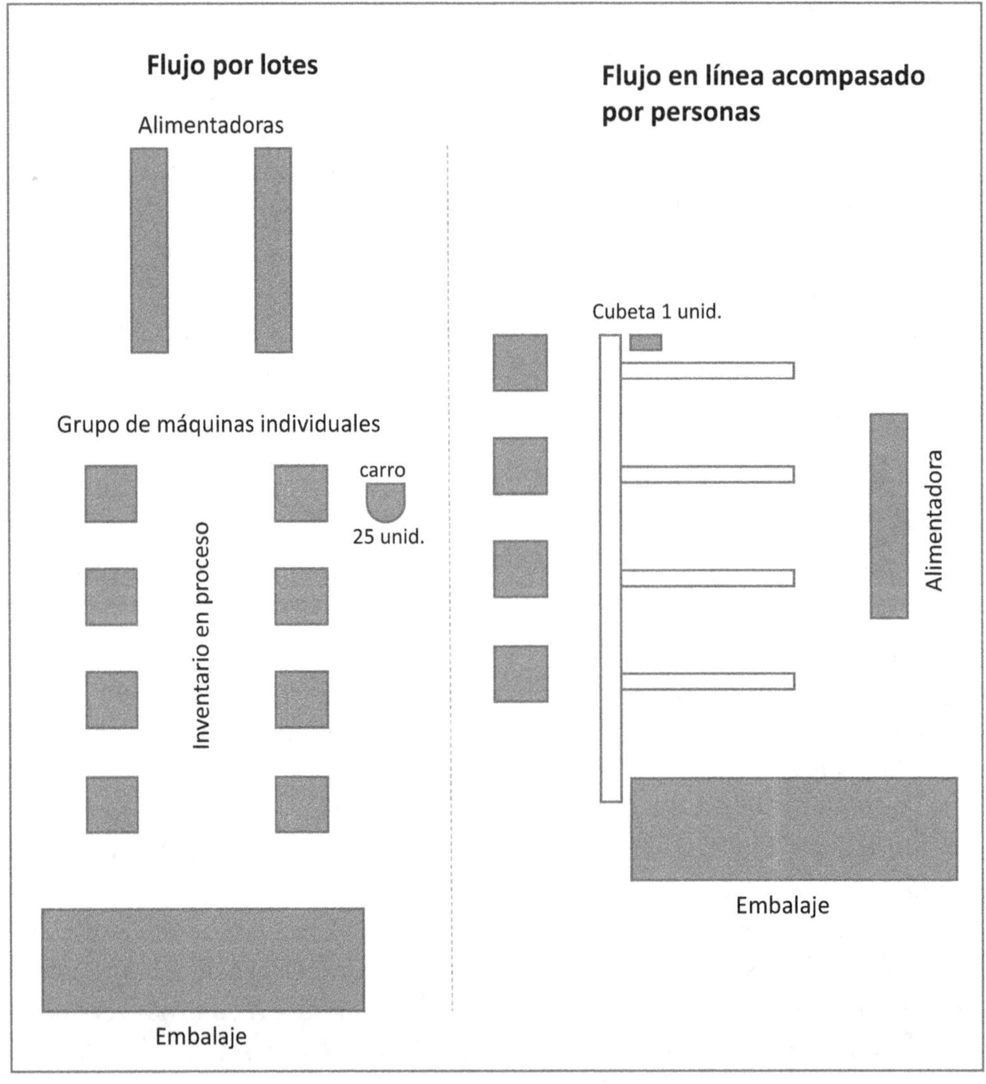

Figura 42. Segmentación de la fábrica para una mejor organización.

que no fue un problema asumir el aumento de pedidos en temporada baja. Además, el costo unitario se abarató un 10 %.

De esta manera, la empresa pudo ofrecer precios más bajos, manteniendo su nivel de calidad e incluso mejorándolo para los filtros de aire reverso, lo que ocasionó que la cuota de mercado mejorara casi diez puntos.

Asimismo, los *outputs* de flexibilidad e innovación que antes se aportaban a muy buen nivel, apenas se resintieron al mantener el tipo de maquinaria que fabricaba el producto, pero cambiando la distribución *(layout)*.

9.4 El caso de Clorox

Este es un buen ejemplo de cómo los líderes de la cadena de suministro transformaron su organización a través de la gestión de las contrapartidas y concesiones, y de cómo la cadena de suministro puede influenciar de manera evidente la estrategia de toda la compañía.

Clorox es una compañía estadounidense que fabrica y comercializa productos de consumo, productos para el hogar, cuidado de la salud o comida. Sus canales de distribución son variados, principalmente comercio minorista, distribución en masa, comercio electrónico o suministros médicos.

En 2006, la estrategia de crecimiento de Clorox consistía en comprar otras empresas con el objetivo de expandirse globalmente tanto en mercados existentes como en mercados nuevos. Estos nuevos mercados requerían de nuevos canales de distribución para Clorox, así como nuevas necesidades de la clientela.

La complejidad empezó a aumentar rápidamente y la compañía no tardó en detectar que necesitaba encontrar una manera de administrar el cambio de manera efectiva y eficiente. Algunos datos que muestran la complejidad y la dimensión de la compañía en aquel momento, son:

- Más de cuarenta marcas.
- Fábricas en veinticuatro países.
- Ventas de 6,1 billones de dólares en más de cien países
- El 80 % del negocio en Estados Unidos.
- Seis centros de diseño y desarrollo.
- 8.700 empleados en todo el mundo.

Las nuevas adquisiciones enfocadas en mercados para productos del cuidado personal o para la salud requerían una organización muy distinta a la actual, diseñada para el mercado tradicional de productos de limpieza en el que se movía Clorox. El rendimiento de las diferentes organizaciones también variaba: mientras el comercio minorista mejoraba las rotaciones de inventario, la distribución de productos para el hogar reducía sus rotaciones de inventario debido al incremento de referencias. Precisamente, la incorporación a su catálogo de productos con poca rotación afectó los resultados de Clorox.

La empresa concluyó que su modelo de una misma organización para todo ya no era eficaz y, por lo tanto, necesitaba dividir su cadena de suministro para personalizar su respuesta a los diferentes mercados.

El modelo tradicional de cadena de suministro de Clorox era eficiente y estaba enfocado al costo. Los líderes de la cadena de suministro tenían claro que con el actual modelo de cadena de suministro no podrían afrontar las nuevas necesidades requeridas en los nuevos mercados donde se introdujeron.

La división consistía en mantener un modelo enfocado al costo para su negocio tradicional y crear uno nuevo de respuesta rápida o ágil. El reto radicaba en que estos dos modelos incurrirían en costos más elevados de lo que la compañía estaba acostumbrada, pero, por el contrario, era más eficaz entregando atributos de rapidez y servicio que los nuevos mercados demandaban.

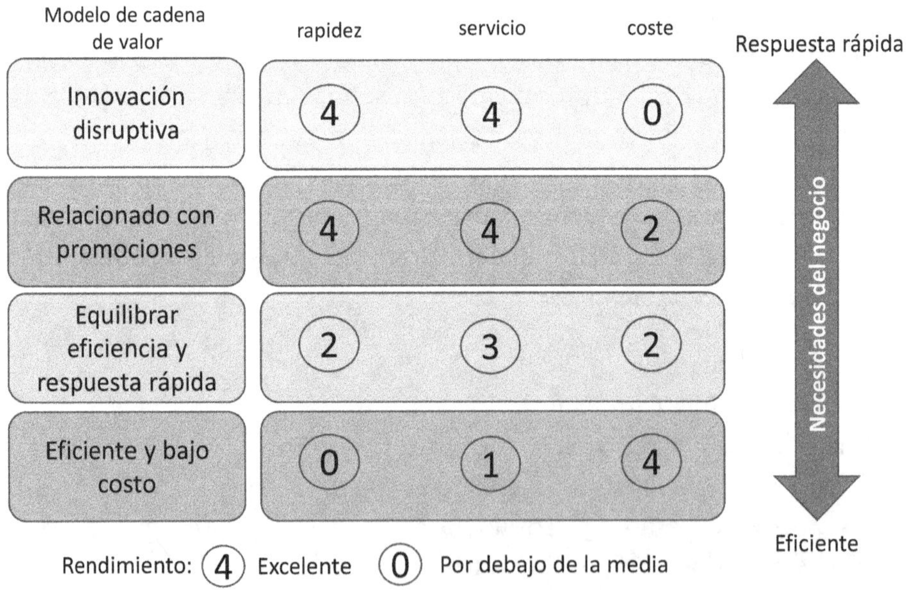

Figura 43. **Mapa de segmentación y contrapartidas.**

El primer desafío que debían afrontar los líderes de la cadena de suministro fue mostrar al resto de la compañía la necesidad de la segmentación, que se necesitaban entregar unos atributos diferentes de los que hasta ahora se entregaban y que eso tenía un precio (si querían rapidez el costo podía ser razonable, pero superior a lo que estaban acostumbrados). El proceso pedagógico fue muy largo y en parte se basó en la identificación, explicación, aceptación y gestión de las contrapartidas.

El objetivo era definir las capacidades de cada modelo de cadena de suministro, identificar los puntos fuertes y los débiles, y conocer cómo impactaba esto en el negocio.

Una cadena de suministro de respuesta rápida se centraría en un excelente servicio, con un enfoque especial a nuevos productos y acciones promocionales para asegurar la disponibilidad de los productos en los lineales de las tiendas. Se reservaba capacidad para cubrir las fluctuaciones y se enfocaba en la flexibilidad. En este modelo, uno de los aspectos que se desarrolló especialmente fue la comunicación y la colaboración entre el equipo comercial y el equipo de la cadena de suministro.

Por el contrario, el enfoque de la cadena de suministro eficiente se centraba en el bajo costo y, aunque la comunicación con el equipo comercial siempre es importante, en este caso no era necesario con tanta frecuencia, ya que la demanda era mucho más estable.

Clorox es un ejemplo de cómo la cadena de suministro influye directamente en la estrategia de la compañía. Cada año, durante la revisión de su estrategia, una parte

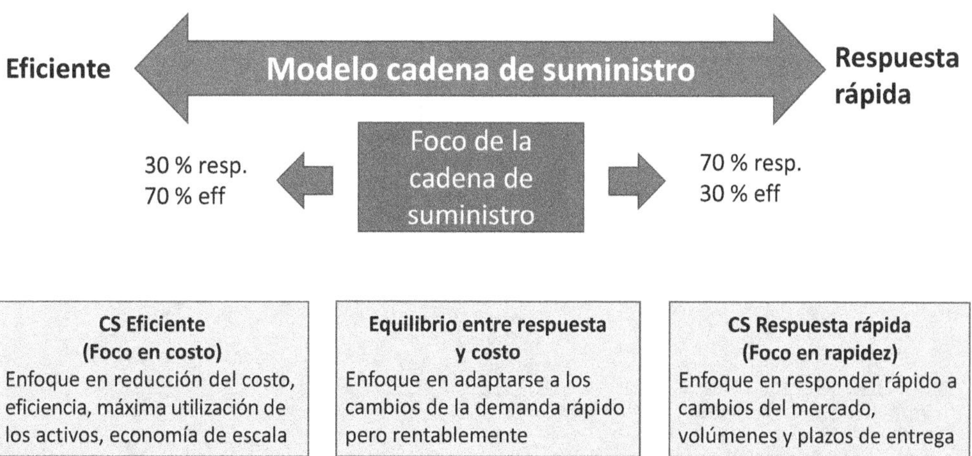

Fuente: Clorox/Supply chain insights.

Figura 44. Diseño de la segmentación de la cadena de suministro.

importante es la revisión del modelo de la cadena de suministro para identificar las brechas con los nuevos planes estratégicos de la compañía. En el caso de identificarlos, ponen en marcha la metodología de la segmentación para cerrar dichas brechas.

Pero para llegar a este nivel, el proceso de concienciación y demostración de que la cadena de suministro es clave en la aportación de valor para el cliente y para el negocio fue muy largo. Actualmente, el proceso de segmentación de la cadena de valor forma parte del programa de formación anual para toda la compañía, incluida la alta dirección. En este programa de capacitación se muestra a cada líder de negocio cómo la cadena de suministro apoya sus ingresos, rentabilidad, margen y costos.

Una de las herramientas que utiliza la compañía para decidir los ajustes en su segmentación es el ciclo de vida de los productos, siguiendo el diagrama de la figura 45.

Después de toda esta transformación, la compañía mostraba los siguientes resultados:

- Incremento de ventas en cuatro millones de dólares al mejorar el nivel de respuesta y servicio.
- El plazo de entrega se redujo en un 50 %, lo que es importante en un mercado donde la respuesta rápida es crucial para ganar pedidos.

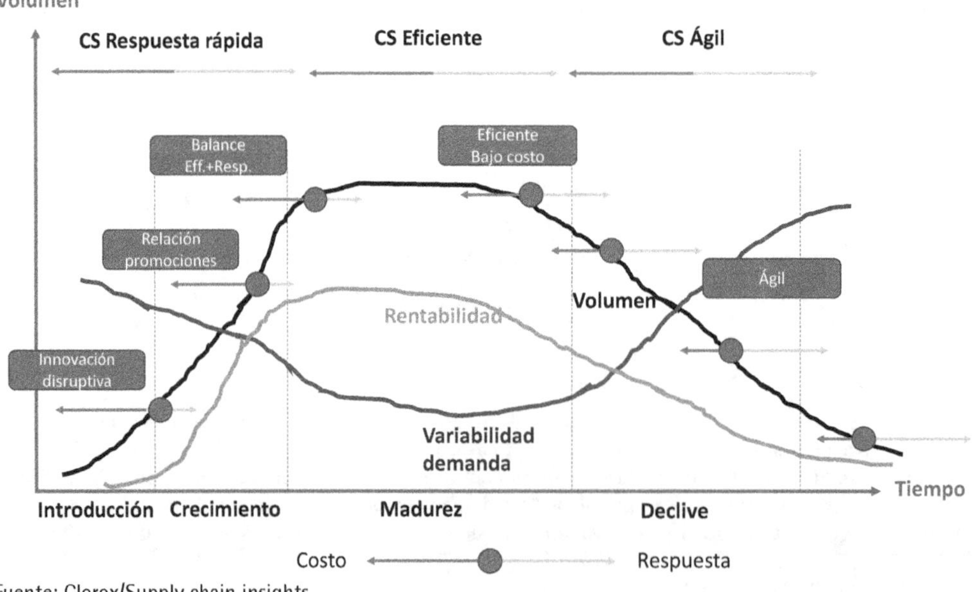

Fuente: Clorox/Supply chain insights.

Figura 45. Cambios en la estrategia de segmentación a través del ciclo de vida del producto.

- Beneficios extra de diez millones de dólares al mover un producto específico al modelo de cadena de suministro eficiente de bajo costo.
- Se alcanzaron veinte millones de dólares de beneficio al fabricar con sus propios medios una de sus mayores líneas de productos, que hasta el momento estaba subcontratada.
- Aplazamiento de una inversión en capital de diez millones de dólares que antes de la transformación parecía necesaria.

Durante el proceso de segmentación de la cadena de suministro, la compañía identificó cinco factores clave para el éxito de la transformación:

- **Facilidad de comprensión**

  Lo principal es que los directores y los líderes de negocio entiendan y estén convencidos de que la segmentación de la cadena de suministro les ayuda a alcanzar sus objetivos financieros y estratégicos. También es importante mantener el proceso en un marco simple y entendible para las personas ajenas a las operaciones.

- **Visión holística**

  El enfoque debe ser de punta a punta de la cadena de valor. Si no es así, el éxito será limitado.

- **Iteración**

  No se debe esperar a tener el método perfecto, sino diseñar un método lo suficientemente bueno y probarlo, aprender de la experiencia y mejorar, reconocer que la segmentación de la cadena de suministro es un proceso de mejora continua.

- **Formación**

  La formación debe ser continua para todos los niveles. Es importante no parar de aprender.

- **Integrar**

  Incorporar el proceso de segmentación de la cadena de suministro dentro de la estrategia de la compañía. Revisar el proceso de segmentación anualmente con las actualizaciones de la estrategia de la compañía.

Capítulo 10

La cadena de suministro 4.0 y el modelo para alinear estrategias

El objetivo de este libro no es profundizar en la digitalización y los macrodatos *(big data)*, pero sin duda es un aspecto a tener en cuenta en el diseño e implantación de la estrategia de la cadena de suministro.

Durante todo el libro se ha presentado un modelo para alinear la estrategia de la cadena de suministro con la compañía y las expectativas del mercado, y así asegurar que se entrega el valor demandado por la clientela al máximo nivel. Durante el periodo de alineación, la cadena de suministro ajustará algunos de sus procesos o se transformará. En esta toma de decisiones, es importante evaluar qué pueden aportar la digitalización y los datos masivos para acelerar la consecución de los objetivos.

Muchas empresas se ven forzadas a iniciar un proceso de digitalización porque es lo que toca en estos tiempos, pero sin tener muy claro en qué tecnología invertir. En realidad, un proceso de digitalización debe iniciarse si ayuda a la compañía a ser más rentable y competitiva o a entregar el valor prometido a los clientes de manera más eficiente o con mayor nivel. De igual manera, el uso de macrodatos estará basado en la habilidad de elegir, de entre un océano de datos, los que hoy no se tienen (o se obtienen de un modo muy costoso), para tomar las decisiones correctas para mejorar la rentabilidad, las ventas o cualquier aspecto que la empresa necesite. Una de las principales dudas cuando una compañía se enfrenta a los datos masivos es que no tiene claro qué información es la relevante

Por este motivo, antes de iniciar un proceso de digitalización y uso de macrodatos, la empresa debe tener definida su estrategia, hacia dónde quiere ir, sus objetivos, el valor que quiere entregar y qué tipo de información y datos va a necesitar para tomar las decisiones correctas. Una vez definido esto, está en condiciones de diseñar su proceso de digitalización.

La hoja de ruta para iniciar una transformación digital constará de:

a) Análisis y diagnóstico
- Análisis interno de la estrategia de la empresa.
- Análisis de la presencia digital.
- Análisis de las tecnologías utilizadas, herramientas, sistemas, etc.
- Análisis del nivel de madurez digital de la empresa.

Los *outputs* de este análisis serán: una descripción de la situación actual, un diagnóstico de madurez digital de la compañía, una identificación de retos y oportunidades, y, sobre todo, las posibles soluciones a implantar para apoyar la estrategia de la compañía.

b) Diseño de la estrategia digital
- Definir la visión de la estrategia digital.
- Listar las acciones que concretarán las oportunidades.
- Marcar los objetivos de digitalización y medir los KPI.

Los *outputs* de este paso serán: un mapa de iniciativas iniciales, una selección de la tecnología a adquirir y de los procesos a digitalizar, una matriz de priorización de iniciativas en la que se identifiquen las *quick wins,* las iniciativas más rápidas de implantar que darán los primeros resultados y un calendario de implantación.

c) Modelo organizativo
- Análisis del modelo organizativo actual y futuro.
- Plan de capacitación digital.
- Planes de motivación.
- Definición de la metodología.

Los *outputs* de este paso serán: una estructura organizativa, un diagnóstico de madurez digital, un modelo y un plan de metodología para la selección de datos necesarios y cómo gestionarlos y analizarlos.

Como se evidencia en el proceso descrito, la decisión de digitalizarse ya es por sí sola una estrategia, lo importante es que el diseño de esta estrategia esté basada en las necesidades de la compañía y por cascada en lo que necesita la nueva cadena de suministro para entregar los atributos elegidos de la forma más eficiente posible.

Las nuevas tecnologías ofrecen un abanico interminable de posibles soluciones y esa es otra de las principales dudas de las compañías que, una vez elaborada su estrategia, se deciden a invertir en sistemas y dispositivos. ¿Cuál es el idóneo?

A grandes rasgos, la tecnología disponible puede ser:

- **Herramientas de colaboración:** Office 365 Yammer, Share point, etc.

- **Computación en la nube:** información disponible desde cualquier dispositivo y lugar.

- **Internet de las cosas (IoT):** diferentes gamas de dispositivos y sensores capaces de generar información a tiempo real y compartirla en la nube o en los sistemas de las empresas.

- **Macrodatos** *(big data):* manejo de gran cantidad de información proveniente de varias fuentes, internas o externas. La información debe estar estructurada para poder analizarse a través de estadística y algoritmos matemáticos para obtener información que ayude a la compañía a tomar decisiones que aporten valor. La analítica puede ser prescriptiva (predice el comportamiento o patrones), predictiva (utiliza información para predecir el futuro) o descriptiva (muestra lo que sucedió en el pasado). Esta combinación de macrodatos y analítica puede dar una ventaja competitiva a la compañía si ha sido capaz de identificar la información relevante para ello.

- **Inteligencia artificial:** máquinas que pueden comunicarse con humanos, colaborar y auto-aprender. Una nueva generación de robots que se integra con los humanos en los entornos industriales sin restricciones de seguridad.

- **Aprendizaje automatizado** *(machine learning):* ligado a la inteligencia artificial, las técnicas de «aprendizaje» automático para máquinas, utilizando algoritmos y gran volumen de datos para reconocer patrones y predecir datos futuros.

- **Impresión 3D:** fabricación aditiva, impresión de piezas en tres dimensiones, ideal para prototipos o tiradas cortas a menor costo, al igual que para fabricar recambios en poco tiempo y de esta manera reducir su inventario considerablemente.

- **Realidad aumentada:** combina el mundo real y el virtual insertando información u objetos virtuales en una imagen real a través de dispositivos; por ejemplo, a través de gafas de realidad aumentada. Ambos mundos son interactivos a tiempo real con las que se pueden ver las zonas del almacén en donde se obtiene el producto y, al mismo tiempo, información sobre el pedido y producto a obtener, como la referencia del producto, la ubicación o una foto del mismo.

- **Cadena de bloques** *(blockchain):* donde se registra de forma segura y virtual cualquier transacción, eliminado intermediarios.

Algunos ejemplos del uso de estas tecnologías en la cadena de suministro pueden ser los sensores en la mercancía transportada por mar. Los contenedores, especialmente aquellos con un tránsito muy largo y varias cargas y descargas, acostumbran a sufrir golpes, algunos de consideración. Los sensores en las cargas permiten medir la fuerza de cualquier impacto que haya recibido el contenedor y enviar la información en tiempo real. La compañía puede relacionar esa fuerza con la posibilidad de que la carga se dañe. Si esto ocurre durante el tránsito, el proveedor puede avisar a la empresa destinataria con antelación. La diferencia entre el hecho de que el cliente abra el contenedor y se encuentre su carga dañada, a que sea avisado con tiempo suficiente y pueda reprogramar trabajos es abismal. Incluso, el proveedor puede fabricar un nuevo lote en el momento de recibir la información de los sensores, para volver a enviarlo. Un ejemplo del uso del internet de las cosas para mejorar la experiencia de la clientela.

Otro ejemplo se puede encontrar en los grandes campos de cultivo. Diferentes sensores colocados a lo largo del campo que captan información como humedad, temperatura, horas de sol, nutrientes de la tierra y que se comunican y activan a través de RFID instalado en un dron que recorre el campo y envía la información en tiempo real. De esta manera, el agricultor puede realizar un riego o abono selectivo en diferentes partes del campo. Los agricultores que están utilizando estos sistemas obtienen un incremento de doble dígito en el rendimiento de sus campos, a la vez que consiguen un ahorro considerable de abono o agua. Este es otro ejemplo del uso de internet de las cosas para mejorar eficiencia en la cadena de suministro.

El caso L'Oreal

La multinacional francesa de la cosmética y cuidado personal es uno de los casos que muestran una conexión evidente entre la propuesta de valor de la compañía y el uso de la digitalización y nuevas tecnologías para mejorar el rendimiento de la cadena de suministro; además es uno de los mejores ejemplos de cadena de suministro centrada en el cliente.

La estrategia de L'Oreal está basada en la globalización y consiste en adquirir marcas locales para después desarrollarlas a una escala más global, pero enfocadas a la clientela como máxima prioridad. Para esto, la cadena de suministro de L'Oreal se basa en un modelo ágil que le permite adaptarse continuamente a las necesidades del mercado.

El modelo de cadena de suministro ágil apoya la cada vez más fuerte apuesta de L'Oreal por el comercio electrónico. En algunas regiones donde L'Oreal tiene presencia, el comercio electrónico ya representa el 40 % de su negocio y en el año 2017 creció un 34 %. Por este motivo, los profesionales de la cadena de suministro de L'Oreal trabajan muy estrechamente con los equipos de mercadotecnia digital. Tal como se ha explicado en este libro, esta es una colaboración crucial para que ambos departamentos estén alineados, con el objetivo de que el enfoque a cliente, su principal estrategia, sea un éxito.

L'Oreal explora constantemente las preferencias de las personas consumidoras y alinea su catálogo para ofrecer productos personalizados de acuerdo con las preferencias detectadas, con el fin de que se puedan comprar en cualquier momento y en cualquier lugar. Esto fuerza a la compañía a estar altamente conectada con las personas consumidoras finales. En este sentido, se trata de un modelo similar al de Zara.

El crecimiento global de L'Oreal, sus diferentes canales de distribución, tradicional, comercio electrónico y su constante revisión, rediseño y optimización de su red para adaptarla a las necesidades de la clientela provoca una alta complejidad en sus operaciones. Para manejar esta complejidad, como en otros casos, la compañía también segmenta su cadena de suministro: algunas compañías se centran en mercados regionales que fabrican productos de consumo más masivo, mientras otras se centran en productos más exclusivos para el sector del lujo.

Con el objetivo de brindar apoyo a su cadena de suministro ágil, L'Oreal también tiene una estrategia 4.0. Para definir esta estrategia, la compañía sigue un modelo similar al explicado al inicio de este capítulo: el primer paso es entender las necesidades del cliente para posteriormente adoptar las tecnologías apropiadas que, en este caso, son realidad aumentada, aprendizaje automatizado o impresiones 3D.

Uno de los aspectos principales para el crecimiento de L'Oreal es la reducción del tiempo en el que lanzan al mercado un producto nuevo: aproximadamente el 30 % de sus productos son nuevos lanzamientos. El uso de las impresiones 3D permite a L'Oreal mejorar su flexibilidad, fabricar lotes más pequeños con costos de fabricación más bajos y, sobre todo, reducir el tiempo de lanzamiento comparado con la fabricación tradicional.

La figura muestra la tecnología 3D *versus* la tecnología de inyección tradicional para sus prototipos de embalaje, pequeños envases de diseño muy sofisticado para sus cosméticos. La impresión 3D ha permitido hacer pruebas con productos, antes de pasar a la producción definitiva. De esta manera han reducido el tiempo de ciclo de desarrollo de nuevos prototipos de 60 a 15 días y han reducido una quinta parte el costo.

Otro ejemplo es el uso de aprendizaje automatizado *(machine learning)*. L'Oreal colaboró con IBM para desarrollar esta tecnología y aplicarla para comprobar la compatibilidad química entre el producto y el envase para evitar fugas. Anteriormente, las pruebas de compatibilidad duraban seis meses, pero la nueva tecnología ha permitido a la compañía reducir considerablemente el tiempo de estas pruebas y, por lo tanto, reducir los plazos de llegada de los nuevos productos al mercado.

Fuente: L'Oreal Operations.

Figura 46. Impresión 3D para prototipos de L'Oreal.

Como se explica al inicio de este capítulo, es primordial tener una estrategia bien definida y un entendimiento total de las necesidades de la clientela para elegir la tecnología ideal para cada caso.

En este ejemplo se evidencia la elección eficaz de dos nuevas tecnologías para mejorar considerablemente un aspecto concreto de sus operaciones: el lanzamiento de nuevos productos.

Bibliografía

Drivers. Glenn Price & Terry Reynolds. Grosvenor House Publishing Limited. 2015

El pase perfecto. Ed Weenk. Libros de Cabecera. 2012

Estrategia de fabricación. John Miltenburg. Productivity Press. 1995

Inventory optimization in a market-driven world. Supply Chain Insights. Lora Cecere. 2015

La cadena de suministro triple A. Hau L. Lee. Harvard Business Review. 2004

La innovación estratégica. Constantinos Markides. Harvard Deusto Business Review. 1997

La meta. Eliyahu M. Goldratt, Jeff Cox. Ediciones Díaz de Santos SA. 1993

Las cinco fuerzas competitivas que le dan forma a la estrategia. Michael E. Porter. Harvard Business Review. 2008

Los secretos de una ejecución exitosa de la estrategia. Gary L. Neilson, Karla L. Martin, Elizabeth Powers. Harvard Business Review. 2008

Operations, Strategy and Technology: pursuing the competitive edge. Robert H. Hayes, Gary P. Pisano, David M. Upton, Steven C. Wheewright. Wiley. 2004

Sales & Operations Planning–Best Practices. John Dougherty & Christopher Gray. Partners for Excellence. 2006

Supplychainshaman.com, Lora Cecere. 2018

The emergence of the strategic leader. Steven A. Melnyk. Supply Chain Management Review. 2016

This is Lean. Niklas Modig & Pär Ahlström. Rheologica Publishing. 2012

Warehouse Management. Gwynne Richards. Kogan Page. 2014

What is strategy. Michael E. Porter. Harvard Business Review. 1996

What is the right supply chain for your product? Marshall L. Fisher. Harvard Business Review. 1997